簡単・便利
あらゆる場面で
そのまま使える

今日から
使える

即効
ベトナム語
フレーズ！

著・糸井 夏希

監修・Tama Duy Ngọc

カナリアコミュニケーションズ

はじめに

　日本に住むベトナム人は2010年時に比べ10倍以上に増えました。これまでベトナム語というと、海外転勤や仕事、旅行等、ベトナム現地で使うために学習する人が多かったと思いますが、近年は「会社の同僚にベトナム人がいるから」「近隣にベトナム人が住んでいるから」「ベトナム人に日本語を教えたいから」など、日本国内でベトナム語を使いたいという理由で学習を始める方が増えています。

　現在、筆者は日本でベトナム人向けのオンライン日本語指導サービスや翻訳・通訳等を手掛ける会社を営んでいますが、上記のような動機でベトナム語学習を始めた、という方から声をかけていただく機会が増えています。

　こうした中で「この場合、ベトナム語でどう言ったらスムーズ？」「大学に合格したベトナム人の友人に、ベトナム語でどうお祝いを伝える？」など、身近なベトナム語フレーズをうまく使いこなしたいという声もよく聞くようになりました。

「ならば、日本においてベトナムに関わってきた一人として、ぜひ身近にいるベトナム人との関係構築にベトナム語を活かしてもらいたい」

　このような思いが本書を執筆させて頂いた大きな理由です。

　本書は、主に日本でベトナムの人とベトナム語でコミュニケーションをとる場面を想定したベトナム語フレーズを中心にまとめています。実際に日本でベトナム語学習中の日本人の方などにも聞き取りをして、すぐ使っていただける実用的なフレーズを集めました。『本格的な学習までは不要。とにかく、まずベトナム人とコミュニケーションとりたい！』というニーズに応えられる今までにない1冊です。

- ●同僚のベトナム人と関係構築に必要なコミュニケーションをとる
- ●近隣に住むベトナム人と交流する
- ●日本に住むベトナム人に日本語を教える
- ●ベトナム人にSNSなどでちょっと気が利いたメッセージを送る
- ●すでにベトナム語学習を進めているがもっと実践的なフレーズを使う

最近はベトナム人とSNSやメールでやりとりをしている方も多いため、気軽に送れるメッセージ表現やSNSのコメント欄に書き込む表現なども盛り込みました。また、昨今のトレンドに合わせ、オンライン会議等ですぐに使えるフレーズもたくさん扱っています。

　相手の言語を話すことは、相手を知り、近づくための大きな一歩になります。「同僚に気の利いた言葉を掛けたい」「自分の気持ちを伝えたい」「重要事項だけは確実に情報伝達したい」といった場面で、身近なベトナム人とのコミュニケーションに役立てていただけたらうれしいです。

　私は2013年に勤めていた日本の会社を辞めて、ベトナムに渡りました。一念発起して渡越したにも関わらず、現地に到着すると、すでに学んでいたはずの日常会話の発音がスムーズに通じず、不安がよぎったのを思い出します。しかし、現地に飛び込むと、ベトナムでの生活・人間関係は想像以上に刺激的で「早くコミュニケーションをとれるようになって、もっとベトナムに入り込みたい」という気持ちが言葉の習得を後押ししてくれました。語学学習において「使いたい！」という動機が何よりも重要であると身をもって感じました。

　ベトナム語を学習している方には、すでに皆さんが使われている文法学習書のプラスの1冊として、本書を実践の表現集として活用していただけたらと思います。皆さんにとって身近にいるベトナム人とのコミュニケーションに、少しでも役に立ちましたら幸いです。今後は、本書を起点として、ベトナム語学習やベトナム人との交流の場なども作っていきたいと考えています。

　最後に、本書は、日本でベトナム語を使用する場面を想定しつつ、ネイティブのベトナム人とスムーズに意思疎通できる表現を目指すため、元ベトナム大手出版社の編集者で日本歴も長いタマ・ズイ・ゴックさんに監修に入っていただきました。長年、日本や日本語に向き合ってきたゴックさんならではの視点で意見をいただき、一緒に本書を作り上げました。そして、本書の制作に当たり、フレーズの選定等においてさまざまな聞き取りに応じていただいた日本人・ベトナム人の友人に感謝を申し上げます。

糸井 夏希

目 次

アルファベット

・・

　英語に近いアルファベットですが、一部記号がついたベトナム語独特の文字などが含まれます。全29文字。

A	a	ア		N	n	ナー
Ă	ă	ア		O	o	オァー
Â	â	アォ		Ô	ô	オー
B	b	バー		Ơ	ơ	オー
C	c	カー		P	p	パー
D	d	ザー		Q	q	クゥ
Đ	đ	ダー		R	r	ザー
E	e	エー		S	s	サー
Ê	ê	エー		T	t	ター
G	g	ガー		U	u	ウー
H	h	ハー		Ư	ư	ウー
I	i	イー		V	v	ヴァー
K	k	カー		X	x	スァー
L	l	ラァー		Y	y	イー
M	m	マー				

※　「F」「J」「W」「Z」はベトナム語のアルファベットでは使いません。ただ、ベトナムでも外来語や固有名詞で「F」「J」「W」「Z」が入った言葉は使うことがあります。発音する際は、地域差はあるものの、英語に近いイントネーションで発音しています。（「W」についてはコラム「パソコンでのベトナム語の入力方法」参照）

※　ベトナムでアルファベットの発音に近いカタカナをあてていますが、ぜひ実際の音声と照らし合わせながら学習してみて下さい。ベトナム語の基礎知識については、ベトナム国営放送（VTV）の教育チャンネルVTV7のYouTube番組などがおすすめです。

声 調 (Thanh điệu)

・・・・・・・・・・・・・・・・・・・・・・・・・・・・・・・・・・・・・

　声調は、音節内で変化する音の上がり、下がりの高低差を指します。それぞれの文字の上下についた記号が、声調を表す記号 (dấu) です。日本語の共通語は文字と文字 (拍) の間で高低のアクセントをつける仕組み (雨：あ＼め、飴：あ／め) はありますが、1文字 (音) の中で高さが変化する仕組みはありません。このためベトナム語の声調に慣れるまでは難しく感じます。

　ベトナム語の声調は6種類あります。

　同じ綴りでも、声調によって言葉の意味が変わる単語もあるため、発音する際はもちろん、ベトナム語を書いたり、キーボードで入力したりするときも注意が必要です。

（例　ma：お化け、mà：しかし、má：頬、mả：お墓、mã：暗号、mạ：メッキ）

a	声調記号なし	最初出した音の高さを変えずに発声する。
à	母音の上部に右下がりの棒	最初出した音から徐々に下げる。
á	母音の上部に右上がりの棒	最初出した音から徐々に上げる。
ả	母音の上部に「つ」のような記号	ゆっくり下げながら音を出したのち、引き戻す。
ã	母音の上部に「～」の記号	低い音を短く出したあと、少し止めて一気に高く上げる。
ạ	母音の下部に点	低い音を短く一気に発声。

母音 (Nguyên âm)

・・

　ベトナム語には12の母音（発音は11）があります。日本語のあ、い、う、え、お（5つ）に比べて多いため、日本人にとっては正しく聞いて、話すのがベトナム語学習で最初の難関になります。筆者は最初、音だけで聞き分けるのが難しかったため、ネイティブが発音する時の口元の動画を撮らせてもらい、①口の開き具合、②舌の位置、③唇の形など視覚的な情報を頼りに練習を重ねました。もし音声だけで発音練習するのが難しいという方は、視覚的な要素を手がかりに、耳で聞いた音声に近づけていく練習がおすすめです。また日本語は仮名1文字がだいだい同じ長さで発声されるという特徴がありますが、ベトナム語は長母音（a、e、ê、i/y、o、ô、ơ）と短母音（ǎ、â）の分類があるため、発声する際の長さも意識する必要があります。

a	口を大きく開いて舌が低い位置にある状態で長めに「あ」を発声
ǎ	aと同様に口を大きめに開いた状態で、短く「あ」を発声（短母音）
â	唇を丸め「お」に近い口の形で「あ」と「お」の中間のような音を短く発声（短母音）
e	口を大きく横に開いて舌が口の中間の高さにある状態で長めに「え」を発声
ê	「e」よりもやや唇を丸くした状態で、長めに「え」を発声
i/y	口を大きく横に開いた状態で長めに「い」を発声
o	口を大きく開いて長めに「お」を発声
ô	「o」よりも口を丸くした状態で長めに「お」を発声
ơ	口をやや横開きにして舌が口の中間の高さにある状態で長めに「お」を発声
u	唇を丸めて長めに「う」を発声
ư	口を大きく横に開いた状態で長めに「う」を発声

　このほか、ベトナム語には、同じ音節内で2つ連続する母音の組み合わせの二重母音（ia、ua、ưa）（iê/yê、uô、ươ）が存在します。日本語には存在しない複雑な音の母音や、母音の組み合わせが存在するため、ベトナム人の子どもたちは小学1年生から国語の授業でベトナム語の母音の発音や知識を学んでいます。

子音 (Phụ âm)

・・・

　ベトナム語には語の最初につく語頭子音と、文末につく語末子音があります。下の表では、スペルを伝えるときなど、ベトナム人がそれぞれの音を単体で発声するときの発音を「ベトナム語発音」として記しています。発音は地域差がありますが、北部の発音主体で記載しています。

語頭子音

表記	ベトナム語発音	日本語の近い発音
b	bờ	「バ行」
c／k	cờ	「カ行」
ch／tr	chờ／trờ	「チャ行」
d／gi	dờ／giờ	「ザ行」
đ	đờ	「ダ行」
g／gh	gờ／gờ kép	「ガ行」
h	hờ	「ハ行」
kh	khờ	喉を擦りながら「カ行」
l	lờ	「ラ行」
m	mờ	「マ行」
n	nờ	「ナ行」
ng／ngh	ngờ／ngờ kép	「ン」を発音してから「ガ行」
nh	nhờ	「ニャ行」
p	pờ	「パ」行
ph	phờ	下唇に軽く歯を置いて「ファ行」
qu	quờ	「クワ」
r	rờ	「ザ行」
s／x	sờ／xờ	「サ行」
t	tờ	「タ行」
th	thờ	息を吐き出す「タ行」
v	vờ	「ヴァ」行

語末子音

m	口を閉じて軽く「ム」	**p**	唇を軽くあてて離して「ップ」
n	口を開けたまま舌を上歯の裏にあてて「ン」	**t**	舌を上前歯の裏に軽くあて「ット」
ng	口を開けたまま「ン(グ)」	**c**	息を喉で止めて「ック」
nh	口を横に開いて「(イ)ン」	**ch**	口を横に開いて「(イ)ック」

＜特に日本人が難しいと感じる発音＞

t、th（語頭子音）

Point 息の吐き出しの有無。
「t」は発声時に息を外に出さず、「th」は外に出す

「t」は舌を前歯の歯茎の裏に当てて音を出すと共に内側に引いて音を出す。息はできるだけ外に出さず内側に引き込む。

「th」は前歯の先に軽く接するように当てて、音を出すと同時に内側に引いて音を出す。この際、息も口外に吐き出すように発音する。

（例 thường:いつも、tường:壁）

n、m、ng（語末子音）

Point 口の開き具合の違い。
「n」は小さく口を開き、「m」は口を閉じ、「ng」は大きく口を開く

「n」口は少し開けたまま喉から音を出したのちに、舌を軽く上前歯の下に当てる。
「m」音を出したのち軽く口を閉じる。
「ng」口を開いたまま喉から音を出す。

（例 tán:ねじ tám:8 táng:葬儀）

k(c)、kh（語頭子音）

Point 喉の摩擦。
「kh」は喉を擦り、「k(c)」は日本語のか行に近い発声

「kh」喉から強く息を出して、喉を擦り出すように音を出す。
「k(c)」日本の「か行」を出すときと同じ要領で発声。

（例 cách:離れる khách:客）

人称代名詞（Xưng hô）

・・

　ベトナム語は話す相手や、会話で触れる人物の年齢に応じて、自分を示す主語（わたし）と相手（あなた）を指す人称代名詞を変えなければいけません。日本にはない習慣のため、日本人にとっては難しく感じる部分です。各代名詞をスムーズに使い分けできるようにするには、幅広い世代の人と会話を繰り返すことが効果的です。

　また日本語は会話でよく主語を省くことがありますが、ベトナム語は主語をあまり省略しません。主語がないと失礼に聞こえるため、日本語の癖で省略しないよう気をつけなければなりません。

自分	相手	使い方
Tôi （男女）	**Bạn** （男女）	「私」に当たる言葉で、語学学習書等の一人称単数の代名詞として用いられます。ただし、初対面で相手の年齢がわからない場合や、大勢の前で話をする場合など一部の場合を除いて、実生活における会話の中ではほとんど使いません。使ったとしても、相手とある程度距離を置きたい場合のみに使用します。上記の通り、ベトナムでは、話す相手や話題に触れる人物の年齢に応じて、人称代名詞を組み替えて話すのが一般的です。 Tôiを使う場合、相手を指す二人称の代名詞として「あなた」を示すBạn（友人の意味）がよく使われます。

ベトナム人・ミンさんを中心とした人称代名詞の例

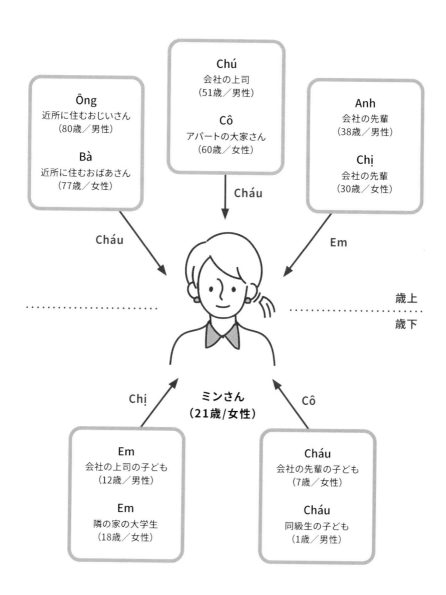

Ông
近所に住むおじいさん
（80歳／男性）

Bà
近所に住むおばあさん
（77歳／女性）

Chú
会社の上司
（51歳／男性）

Cô
アパートの大家さん
（60歳／女性）

Anh
会社の先輩
（38歳／男性）

Chị
会社の先輩
（30歳／女性）

Cháu

Cháu

Em

歳上
歳下

ミンさん
（21歳/女性）

Chị

Cô

Em
会社の上司の子ども
（12歳／男性）

Em
隣の家の大学生
（18歳／女性）

Cháu
会社の先輩の子ども
（7歳／女性）

Cháu
同級生の子ども
（1歳／男性）

ミンさん	相手	使い方
Cô	Cháu（男女）	相手が子供くらいの年齢差
Chị	Em（男女）	相手が弟・妹くらいの年齢差
Em	Anh（男）	相手が兄くらいの年齢差
Em	Chị（女）	相手が姉くらいの年齢差
Cháu	Cô（女）	相手が母親の年齢からそれより下の世代
Cháu	Chú（男）	相手が父親の年齢からそれより下の世代
Cháu	Bác（男女）	相手が父親・母親より年齢が上の世代
Cháu	Ông（男）	相手が祖父の年齢からそれより上の世代
Cháu	Bà（女）	相手が祖母の年齢からそれより上の世代

　通常、ベトナム語は上記のように年齢を基準にした呼称を使い分けます。ただ、最近は年功序列の厳しい職場などでなければ、本来Chú、Côに当たる年上世代の同僚や、Emに当たる少し下世代の同僚などに対しても、Anh、Chịを幅広く使うケースが増えています。

先生と生徒の場合：

　先生と生徒の間柄の場合は、生徒や先生の年齢に関係なく以下を使用することができます。

生徒	先生	使い方
Em	Thầy（男）	生徒と男性の先生
Em	Cô（女）	生徒と女性の先生

例）　先生への挨拶
先生、こんにちは。

Em chào thầy ／ cô ạ.

エム　チャオ　タイ／コー　ア

本書の設定

　本書は、男女2名のベトナムの方が来日して日本で働く、という設定を用意しました。現在、日本国内には多くのベトナム人が就労しています。彼、彼女が皆さんの会社で一緒に働くことになったとイメージして、フレーズを学習していただくとより使用場面が理解しやすくなります。

　ただし、本書の各フレーズの人称代名詞については主に私（Tôi）、あなた（Bạn）を採用しています。前のページを参考にしながら、ぜひ自分が使う場合に合わせて人称代名詞を置き換えて練習してください。

ミンさん（21歳／女性）

技能実習生（農業）
経歴：高校卒業後、家業を手伝う
日本語学習歴：ベトナムの送り出し機関で8ヶ月程度
出身：ハノイから100km程度の地方省出身
家族：祖母と父母と兄2人と妹1人

トアンさん（26歳／男性）

ITエンジニア
経歴：情報技術系大学を卒業後、現地でエンジニアとして勤務
日本語学習歴：ベトナムの日本語センター（週2回）約1年
出身：ホーチミン市出身
家族：父母と弟1人

第1章

あいさつ・自己紹介編

　第1章は、働くために来日したベトナム人との会話の場面を想定しました。来日直後は、新たな環境に適応するため普段以上に多くのコミュニケーションを必要とします。なかでも一緒に働く仲間と理解を深めるためのコミュニケーションは欠かせません。まだ慣れない日本の環境で不安も大きいはずです。本章は、自己紹介や相手を知るために使える質問を盛り込んでいます。こちらがベトナム語に興味を持って学んでいる姿勢を見ると、相手も緊張がほぐれていきます。ぜひ、積極的にベトナム語で話してみて下さい。

1-1 基本挨拶

1 おはよう。こんにちは。こんばんは（定型の挨拶）

Xin chào.

スィン チャオ

2 おはよう。こんにちは。こんばんは（軽い挨拶）

Chào bạn.

チャオ バン

3 おはようございます。こんにちは。こんばんは（丁寧な挨拶）

Tôi chào bạn. ※ 主語＋chào＋相手（＋ạ）で使います。

トイ チャオ バン

4 お元気ですか？

Bạn khoẻ không?

バン コエ ホン

5 お久しぶりです。

Lâu rồi không gặp.

ラウ ゾイ ホン ガップ

6 お変わりないですか？

Bạn có gì mới không?

バン コー ジー モォイ ホン

7 ありがとうございます。

Cảm ơn bạn.

カァム　オン　バン

----

8 どういたしまして。

Không có gì.

ホン　コー　ジー

----

9 お疲れさまです。

Bạn đã vất vả rồi .

バン　ダァ　ヴァット　ヴァ　ゾイ

----

10 すみません（呼びかけ）

Này bạn ơi!

ナイ　バン　オォイ

----

11 ごめんなさい。

Xin lỗi bạn.

スィン　ローイ　バン

----

12 本当に申し訳ありません。

Tôi thành thật xin lỗi.

トイ　タイン　タット　スィン　ローイ

----

13 ご迷惑お掛けします。

Thật ngại khi phải làm phiền bạn.

タット　ンガイ　ヒィー　ファーイ　ラム　フィエン　バン

----

14 大丈夫ですよ。

Không sao ạ.

ホン　サオ　ア

---

15 いただきます。

Cho tôi xin.

チョー　トイ　スィン

---

16 どうぞ召し上がれ。

Mời bạn dùng bữa.

モォイ　バン　ズン　ブゥア

---

17 ごちそうさまでした。

Cảm ơn vì bữa ăn ngon.

カァム　オン　ヴィ　ブゥア　アン　ンゴン

---

18 いってきます。

Tôi đi đây.

トイ　ディー　ダイ

---

19 いってらっしゃい。

Bạn đi nhé.

バン　ディー　ニェ

---

20 ただいま。

Tôi về rồi.

トイ　ヴェー　ゾイ

---

21 おやすみなさい。

Chúc bạn ngủ ngon.

チュック　バン　ングウ　ンゴン

------

22 さようなら。

Tạm biệt.

タム　ビエット

------

23 そろそろ失礼します。

Tôi xin phép về.

トイ　スィン　フェップ　ヴェー

------

24 おじゃまします。

Tôi xin phép vào nhà.

トイ　スィン　フェップ　ヴァオ　ニャー

------

25 またね。

Hẹn gặp lại.

ヘン　ガップ　ライ

------

26 また会いましょう。

Mình lại gặp nhau nhé.

ミン　ライ　ガップ　ニャウ　ニェ

1-2 初対面の挨拶

1 はじめまして。

Rất vui được làm quen với bạn.

ザット　ヴイ　ドゥオック　ラム　クエン　ヴォイ　バン

2 田中花子と申します。

Tôi tên là Tanaka Hanako.

トイ　テン　ラー　タナカハナコ

3 お会いできてとてもうれしいです。

Rất vui được gặp bạn.

ザット　ヴイ　ドゥオック　ガップ　バン

4 みんなからハナコと呼ばれています。

Mọi người vẫn gọi là Hanako.

モイ　ングォイ　ヴァン　ゴイ　ラー　ハナコ

5 これからどうぞよろしくお願い致します。

Rất mong nhận được sự giúp đỡ của mọi người.

ザット　モン　ニャン　ドゥオック　ス　ズップ　ドォ　クア　モイ　ングォイ

6 今年35歳です。

Tôi năm nay 35 tuổi.

トイ　ナム　ナイ　バー　ムオイ　ラム　トゥオイ

7 寅年生まれです。

Tôi tuổi con hổ.

トイ　トゥオイ　コン　ホー

---

8 趣味はベトナム料理店めぐりです。

Sở thích của tôi là ghé qua các quán món Việt.

ソー　ティック　クア　トイ　ラー　ゲー　クア　カック　クアン　モン　ヴィエット

---

9 家族は6人です。

Gia đình tôi có 6 người.

ザー　ディン　トイ　コー　サウ　ングォイ

---

10 好きな食べ物はフォーです。

Món ăn yêu thích của tôi là phở.

モン　アン　イエウ　ティック　クア　トイ　ラー　フォー

---

11 エンジニアとして6年間働いてきました。

Tôi làm kỹ sư được 6 năm.

トイ　ラム　キイ　スー　ドゥオック　サウ　ナム

---

12 経験を活かして頑張ります。

Tôi sẽ cố gắng phát huy kinh nghiệm của mình.

トイ　セェ　コー　ガン　ファット　フイ　キン　ンニエム　クア　ミン

1-3 職場での挨拶

. . . .

1 こちらが今日から新しく配属されたトゥアンさんです。

Đây là Tuấn, người mới được bổ nhiệm từ hôm nay.

ダイ　ラー　トゥアン　ングォイ　モイ　ドゥオック　ボォ　ニエム　トゥ　ホム　ナイ

. . . .

2 新入社員をご紹介させていただきます。

Tôi xin phép giới thiệu người mới.

トイ　スィン　フェップ　ゾイ　ティエウ　ングォイ　モイ

. . . .

3 同じ部署のメンバーを紹介します。

Tôi sẽ giới thiệu các thành viên cùng phòng.

トイ　セェ　ゾイ　ティエウ　カック　タイン　ヴィエン　クン　フォン

. . . .

4 こちらは田中さんです。

Đây là chị Tanaka.

ダイ　ラー　チ　タナカ

. . . .

5 高橋さんは人事の専門家です。

Chị Takahashi là chuyên gia về nhân sự.

チ　タナカ　ラー　チュイエン　ザー　ヴェー　ニャンス　ス

. . . .

6 山田さんは品質管理を担当しています。

Anh Yamada phụ trách về kiểm soát chất lượng.

アイン　ヤマダ　フ　チャック　ヴェー　キエム　ソアット　チャット　ルオン

. . . .

7 自己紹介をお願いします。

Mời bạn tự giới thiệu về bản thân.

モォイ　バン　トゥ　ゾォイ　ティエウ　ヴェー　バァン　タン

8 トゥアンさん、みなさんに一言ごあいさつをお願いします。

Nhờ Tuấn chào hỏi mọi người một lời nhé.

ニョー　トゥアン　チャオ　ホーイ　モイ　ングォイ　モッ　ロォイ　ニェ

9 ご出身はベトナムのどちらですか？

Quê bạn ở vùng nào của Việt Nam?

クエ　バン　オォ　ヴン　ナオ　クア　ヴィエット　ナム

10 日本は初めてですか？

Đây là lần đầu tiên bạn đến Nhật Bản?

ダイ　ラー　ラン　ダウ　ティエン　バン　デン　ニャット　バァン

11 いつ日本に来ましたか？

Bạn đến Nhật Bản khi nào?

バン　デン　ニャット　バァン　ヒィー　ナオ

12 おいくつですか？

Bạn bao nhiêu tuổi?

バン　バオ　ニエウ　トゥオイ

13 ご家族は何人ですか？

Gia đình bạn có mấy người?

ザー　ディン　バン　コー　マイ　ングォイ

14 何と呼んだらいいですか？

Mọi người nên gọi bạn là gì?

モイ　ングォイ　ネン　ゴイ　バン　ラー　ジー

15 日本語を勉強してどれくらいですか？

Bạn học tiếng Nhật bao lâu rồi?

バン　ホック　ティエン　ニャット　バオ　ラウ　ゾイ

16 趣味は何ですか？

Sở thích của bạn là gì?

ソー　ティック　クア　バン　ラー　ジー

17 何か質問はありますか？

Bạn có câu hỏi nào không?

バン　コー　カウ　ホーイ　ナオ　ホン

18 わからないことは何でも聞いて下さい。

Có gì không hiểu cứ hỏi nhé.

コー　ジー　ホン　ヒエウ　クー　ホーイ　ニェ

19 一緒に仕事ができるのを楽しみにしています。

Tôi rất vui được làm việc cùng với bạn.

トイ　ザット　ヴイ　ドゥオック　ラム　ヴィエック　クン　ヴォイ　バン

20 これから一緒にがんばりましょう。

Từ giờ trở đi cùng nhau cố gắng nhé.

トゥ　ゾー　チョー　ディー　クン　ニャウ　コー　ガン　ニェ

1-4 自宅訪問・来訪時の挨拶

1 今日はお招きいただきありがとうございます。

Cảm ơn vì bạn đã mời tôi hôm nay.

カァム　オン　ヴィ　バン　ダァ　モォイ　トイ　ホム　ナイ

2 遠いところ、おいでいただきありがとうございます。

Cảm ơn bạn đã lặn lội xa xôi đến đây.

カァム　オン　バン　ダァ　ラン　ロイ　サー　ソイ　デン　ダイ

3 ほんの手土産です。

Tôi có chút quà mọn.

トイ　コー　チュット　クア　モン

4 みなさんでお召し上がり下さい。

Mời mọi người cùng thưởng thức.

モォイ　モイ　ングォイ　クン　トゥオン　トゥック

5 どうぞくつろいで下さい。

Bạn cứ tự nhiên như ở nhà nhé.

バン　クー　トゥ　ニエン　ニュー　オォ　ニャー　ニェ

6 素敵なお宅ですね。

Nhà đẹp quá.

ニャー　デップ　クアー

7 この食器棚は夫がDIYで作りました。

Chiếc tủ này do chồng tôi tự làm.

チェック　トゥ　ナイ　ゾー　チョン　トイ　トゥ　ラム

8 家庭菜園でパクチーを育てています。

Tôi trồng rau mùi trong vườn nhà.

トイ　チョン　ザウ　ムイ　チョン　ヴオン　ニャー

9 お飲み物は何がよろしいですか？

Bạn muốn uống gì?

バン　ムオン　ウオン　ジー

10 とてもおいしそうですね。

Trông rất ngon.

チョン　ザット　ンゴン

11 さあ食べましょう。

Ăn thôi.

アン　トォーイ

12 お料理が上手ですね。

Bạn nấu ăn giỏi quá.

バン　ナウ　アン　ゾーイ　クアー

13 お代わりはいかがですか。

Bạn dùng thêm chén nữa nhé.

バン　ズン　テム　チェン　ヌア　ニェ

14 遠慮なくたくさん食べて下さい。

Cứ tự nhiên nhé.

クー　トゥ　ニエン　ニェ

15 ありがとうございます。もう充分いただきました。

Cảm ơn nhưng tôi đã no rồi.

カァム　オン　ニュン　トイ　ダァ　ノー　ゾイ

16 私が今まで食べたベトナム料理で一番おいしいです。

Đây là món ngon nhất trong các món Việt tôi từng ăn.

ダイ　ラー　モン　ンゴン　ニャット　チョン　カック　モン　ヴィエット　トイ　トゥン　アン

17 お手洗いをお借りできますか？

Cho tôi đi nhờ nhà vệ sinh nhé.

チョー　トイ　ディー　ニョー　ニャー　ヴェ　シン　ニェ

18 そろそろ時間ですので、失礼します。

Sắp đến giờ rồi, tôi xin phép về.

サップ　デン　ゾー　ゾイ　トイ　スィン　フエップ　ヴェー

19 とても素敵な時間を過ごせました。

Tôi đã có một thời gian tuyệt vời.

トイ　ダァ　コー　モッ　トォイ　ザン　トゥイエット　ヴォイ

20 本日はごちそうさまでした。

Cảm ơn vì bữa ăn hôm nay.

カァム　オン　ヴィ　ブゥア　アン　ホム　ナイ

21 今度はうちにもいらして下さい。

Lần sau đến nhà tôi chơi nhé.

ラン　サウ　デン　ニャー　トイ　チョーイ　ニェ

補足資料

∙∙∙

家族 (gia đình)

お父さん	bố	ボー
お母さん	mẹ	メ
お兄さん	anh trai	アイン　チャイ
お姉さん	chị	チ
弟	em trai	エム　チャイ
妹	em gái	エム　ガイ
おじいさん（父方）	ông nội	オン　ノイ
おばあさん（父方）	bà nội	バー　ノイ
おじいさん（母方）	ông ngoại	オン　ンゴアイ
おばあさん（母方）	bà ngoại	バー　ンゴアイ
ひいおじいちゃん	ông cố	オン　コー
ひいおばあちゃん	bà cố	バー　コー
おじさん	chú	チュー
おばさん	dì	ジー
いとこ	anh em họ	アイン　エム　ホ
甥	cháu trai	チャウ　チャイ
姪	cháu gái	チャウ　ガイ
孫	cháu	チャウ

第2章

日常生活編

　第2章は、ベトナム人が来日後、日本の生活基盤を整えていく過程で、周りの日本人ができる声掛け・手助けにまつわる表現を多数掲載しています。また、外国語学習をする上で欠かせない「月・曜日・時間」「天気」「数字」の会話については、定型文だけでなく、日本人が日本語でよく使う表現に近づけたベトナム語フレーズを盛り込みました。ぜひ、幅広い場面で活用してみて下さい。

2-1　身の回りのこと

1 日本の生活に慣れましたか？

Bạn đã quen với cuộc sống ở Nhật chưa?

バン　ダァ　クエン　ヴォイ　クォック　ソン　オォ　ニャット　チュア

---

2 ちゃんとご飯は食べていますか？

Bạn ăn uống đầy đủ không?

バン　アン　ウオン　ダイ　ドゥ　ホン

---

3 市役所に住民移動届は出しましたか？

Bạn đã nộp giấy khai báo chuyển chỗ ở cho tòa thị chính chưa?

バン　ダァ　ノップ　ザイー　カイ　バオ　チュィエン　チョオ　オォ　チョー　トア　ティ　チン　チュア

---

4 マイナンバーの登録をして下さい。

Vui lòng đăng ký My Number (mã số cá nhân) của bạn.

ヴイ　ロン　ダン　キイ　マイ　ナンバー（マァ　ソー　カア　ニャン）クア　バン

---

5 住民票を来週までに提出して下さい。

Từ giờ tới tuần sau vui lòng nộp giấy đăng ký cư trú của bạn.

トゥ　ゾー　トォイ　トゥアン　サウ　ヴイ　ロン　ノップ　ザイー　ダン　キイ　クー　チュー　クア　バン

6 日本の銀行口座は開設しましたか？

Bạn đã mở tài khoản ngân hàng tại Nhật Bản chưa?

バン　ダァ　モォ　タイ　コアン　ンガン　ハン　タイ　ニャット　バァン　チュア

---

7 住民票の写しを提出して下さい。

Vui lòng nộp một bản sao giấy đăng ký cư trú của bạn.

ヴィ　ロン　ノップ　モッ　バァン　サオ　ザイー　ダン　キイ　クー　チュー　クア　バン

---

8 水道、電気、ガス、インターネットの使用開始手続きはしましたか？

Bạn đã đăng ký sử dụng nước, điện, ga và internet chưa?

バン　ダァ　ダン　キイ　スゥ　ズン　ヌォック　ディエン　ガー　ヴァ　インターネット　チュア

---

9 携帯電話の登録は済みましたか？

Bạn đã đăng ký điện thoại di động chưa?

バン　ダァ　ダン　キイ　ディエン　トアイ　ジー　ドン　チュア

---

10 身分証明証と銀行の口座番号がわかるものを持参して下さい。

Vui lòng đem theo chứng minh thư và số tài khoản ngân hàng.

ヴィ　ロン　デム　テオ　チュン　ミン　トゥ　ヴァ　ソー　タイ　コアン　ンガン　ハン

---

11 印鑑は日本の生活で欠かせません。

Con dấu là vật không thể thiếu trong cuộc sống ở Nhật.

コン　ザウ　ラー　ヴァット　ホン　テー　ティエウ　チョン　クォック　ソン　オォ　ニャット

12 週末に日帰りできるおすすめの場所はありますか？

Bạn có thể giới thiệu cho tôi địa điểm vui chơi cuối tuần có thể đi về trong ngày không?

バン　コー　テー　ゾォイ　ティエウ　チョー　トイ　ディア　ディエム　ヴイ　チョーイ　クオイ　トゥアン　コー　テー　ディー　ヴェー　チョン　ンガイ　ホン

13 代々木公園はここから地下鉄で４駅です。

Công viên Yoyogi cách đây 4 ga tàu điện ngầm.

コン　ヴィエン　ヨヨギ　カック　ダイ　ボン　ガー　タウ　ディエン　ンガム

14 電車に乗るときは、改札口でICカードをタッチします。

Khi lên tàu, hãy "đập" thẻ IC của bạn tại cửa soát vé tự động.

ヒィー　レン　タウ　ハァイ　ダップ　テェ　アイセー　クア　バン　タイ　クゥア　ソアット　ヴェー　トゥ　ドン

15 横浜駅に行くには、渋谷駅で東横線に乗り換えます。

Để đến ga Yokohama, hãy chuyển sang tuyến Tōyoko tại ga Shibuya.

デェ　デン　ガー　ヨヨギ　ハァイ　チュィエン　サン　トゥィエン　トーヨコ　タイ　ガー　シブヤ

16 特急と各停を乗り間違えないようにして下さい。

Đừng nhầm lẫn giữa tàu tốc hành và tàu dừng từng trạm nhé.

ドゥン　ニャム　ラァン　ズゥア　タウ　トック　ハイン　ヴァ　タウ　ズン　トゥン　チャム　ニェ

17 目的地までの行き方と運賃はアプリで簡単に調べられます。

Với các ứng dụng, bạn sẽ dễ dàng tìm ra đường đi và chi phí đến nơi cần đến.

ヴォイ　カック　ウン　ズン　バン　セェ　ゼェ　ザン　ティム　ザー　ドゥオン　ディー　ヴァ　チー　フィー　デン　ノォイ　カン　デン

18 郵便局はまっすぐ行って２つ目の信号を右に曲がったところにあります。

Bạn đi thẳng và rẽ phải ở đèn giao thông thứ hai thì sẽ thấy bưu điện ở đó.

バン ディー タァン ヴァ ゼェ ファイ オァ デン ザオ トォン トゥ ハイ ティー セェ タイー ブゥー ディエン オァ ドー

---

19 家具や家電はインターネット通販で買うといいですよ。

Bạn nên mua đồ nội thất và đồ điện gia dụng từ cửa hàng trực tuyến.

バン ネン ムア ドー ノイ タット ヴァ ドー ディエン ザー ズン トゥ クゥア ハン チュック トゥィエン

---

20 中古品なら新品よりだいぶ安く買えます。

Bạn có thể mua đồ cũ rẻ hơn nhiều so với đồ mới.

バン コー テー ムア ドー クゥ ゼェ ホァン ニエウ ソー ヴォイ ドー モオイ

---

21 自転車は駐輪場に停めて下さい。

Vui lòng gửi xe đạp của bạn trong bãi đậu xe đạp.

ヴィ ロン グゥイ セー ダップ クア バン チョン バァイ ダウ セー ダップ

---

22 日本はゴミを捨てるときに分別が必要です。

Ở Nhật, cần phải phân loại rác trước khi vứt.

オァ ニャット カン ファーイ ファン ロアイ ザック チュオック ヒィー ヴット

---

23 歓迎会で何を食べたいですか？

Bạn muốn ăn gì trong tiệc tiếp đãi?

バン ムオン アン ジー チョン ティエック ティエップ ダァイ

24 お酒は強いですか？

Bạn uống rượu được nhiều không?

バン　ウオン　ズオウ　ドゥオック　ニエウ　ホン

---

25 今日は私のおごりです。

Hôm nay tôi mời.

ホム　ナイ　トイ　モォイ

---

26 割り勘にしましょう。

Hôm nay mỗi người tự trả nhé.

ホム　ナイ　モォイ　ングォイ　トゥ　チャー　ニェ

---

27 今夜の飲み会は2時間飲み放題のコースです。

Bữa tiệc nhậu tối nay là dịch vụ uống thoả thích trong vòng 2 giờ.

ブゥア　ティエック　ニャウ　トイ　ナイ　ラー　ジック　ヴ　ウオン　トォア　ティック
チョン　ヴォン　ハイ　ゾー

---

28 乾杯！

Một hai ba dzô!

モッ　ハイ　バー　ゾー！

2-2　月・曜日・時間

1　今、何時ですか。

Bây giờ là mấy giờ?

バイ　ゾー　ラー　マイ　ゾー

2　今は午前10時20分です。

Bây giờ là 10 giờ 20 phút sáng.

バイ　ゾー　ラー　ムオイ　ゾー　ハイ　ムオイ　フット　サン

3　今は午後3時10分です。

Bây giờ là 3 giờ 10 phút chiều.

バイ　ゾー　ラー　バー　ゾー　ムオイ　フット　チエウ

4　あと20分後に会議が始まります。忘れないでくださいね。

Cuộc họp sẽ bắt đầu trong 20 phút nữa.
Xin đừng quên.

クォック　ホップ　セェ　バット　ダウ　チョン　ハイ　ムオイ　フット　ヌア
スィン　ドゥン　クエン

5　始業時間の5分前にここに集まってください。

Vui lòng tập trung ở đây sớm 5 phút so với giờ
bắt đầu.

ヴイ　ロン　タップ　チュン　オォ　ダイ　ソォム　ナム　フット　ソー　ヴォイ　ゾー
バット　ダウ

6 今日の研修は午後２時から４時までです。

Buổi đào tạo hôm nay từ 2:00 chiều đến 4:00 chiều.

ブオイ　ダオ　タオ　ホム　ナイ　トゥ　ハイ　ゾー　チエウ　デン　ボン　ゾー　チエウ

....

7 今日のミーティングは午後１時からに変更になりました。
ご注意下さい。

Buổi họp hôm nay đã đổi sang từ 1 giờ chiều. Nhớ chú ý.

ブオイ　ホップ　ホム　ナイ　ダァ　ドォイ　サン　トゥ　モッ　ゾー　チエウ
ニョー　チュー　イー

....

8 ３時間ごとにデータを確認してください。

Cứ 3 tiếng bạn hãy kiểm tra dữ liệu một lần.

クー　バー　ティエン　バン　ハァイ　キエム　チャ　ズゥ　リエウ　モッ　ラン

....

9 毎晩、１時間ランニングをしています。

Mỗi tối tôi chạy bộ 1 tiếng.

モイ　トイ　トイ　チャイ　ボ　モッ　ティエン

....

10 ここから駅まで、約15分に１本バスがあります。

Cứ mỗi 15 phút sẽ có một chuyến xe buýt đi từ đây tới ga.

クー　モイ　ムオイ　ラム　フット　セェ　コー　モッ　チュィエン　セー　ビュッ　ディー
トゥ　ダイ　トォイ　ガー

....

11 目的地には何時に到着しますか？

Chúng ta sẽ đến nơi lúc mấy giờ?

チュン　ター　セェ　デン　ノォイ　ルック　マイ　ゾー

....

12 どのくらい時間がかかりますか？

Mất tầm bao lâu?

マット　タム　バオ　ラウ

....

13 あとどれくらいで完成しますか？

Còn bao lâu nữa thì hoàn thành việc này?

コン　バオ　ラウ　ヌア　ティー　ホアン　タイン　ヴィエック　ナイ

....

14 日本のコンビニエンスストアは24時間営業です。

Các cửa hàng tiện lợi của Nhật Bản mở cửa 24/24.

カック　クゥア　ハン　ティエン　ロイ　クア　ニャット　バァン　モォ　クゥア　ハイボン
チェン　ハイボン　ゾー

....

15 今日は何曜日ですか？

Hôm nay là thứ mấy?

ホム　ナイ　ラー　トゥ　マイ

....

16 今日は水曜日です。

Hôm nay là thứ Tư (T4).

ホム　ナイ　ラー　トゥ　トゥ

....

17 何曜日が都合良いですか？

Thứ mấy thì tiện cho bạn?

トゥ　マイ　ティー　ティエン　チョー　バン

....

18 毎週金曜日はノー残業デーです。

Thứ Sáu hàng tuần là ngày không làm thêm giờ.

トゥ　サウ　ハン　トゥアン　ラー　ンガイ　ホン　ラム　テム　ゾー

....

19 今週の月曜日から水曜日まで、休暇をいただきます。

Tôi sẽ nghỉ phép từ thứ Hai đến thứ Tư tuần này.

トイ セェ ニー フェップ トゥ トゥ ハイ デン トゥ トゥ トゥアン ナイ

....

20 今月の第2、第4土曜日は出社して下さい。

Vui lòng đến công ty làm việc vào thứ Bảy tuần thứ 2 và thứ 4 của tháng này.

ヴィ ロン デン コン ティ ラム ヴィエック ヴァオ トゥ バァイ トゥアン トゥ
ハイ ヴァ トゥ トゥ クア タン ナイ

....

21 週末は何をしていましたか？

Bạn đã làm gì vào cuối tuần?

バン ダァ ラム ジー ヴァオ クオイ トゥアン

....

22 2月11日は建国記念の日で祝日です。

Ngày 11 tháng 2 là Ngày Quốc khánh nên được nghỉ lễ.

ンガイ ムオイ モッ タン ハイ ラー ンガイ クォック カイン ネン ドゥオック
ニー レェ

....

23 今年のゴールデンウィークは6連休です。

Tuần lễ vàng năm nay có 6 ngày nghỉ lễ liên tiếp.

トゥアン レェ ヴァン ナム ナイ コー サウ ンガイ ニー レェ リエン ティエップ

....

24 今日は何月何日ですか？

Hôm nay là ngày mấy tháng mấy?

ホム ナイ ラー ンガイ マイ タン マイ

....

25 5月10日です。

Hôm nay là ngày 10 tháng 5.
ホム　ナイ　ラー　ンガイ　ムオイ　タン　ナム

26 次の日曜日は何日だっけ？

Chủ Nhật tới là ngày mấy?
チュウ　ニャット　トォイ　ラー　ンガイ　マイ

27 日本語研修は4月10日から15日までの6日間です。

Khóa đào tạo tiếng Nhật kéo dài 6 ngày, từ ngày 10 đến ngày 15 tháng 4.
コアー　ダオ　タオ　ティエン　ニャット　ケオ　ザイ　サウ　ンガイ　トゥ　ンガイ　ムオイ
デン　ンガイ　ムオイ　ラム　タン　トゥ

28 3日前にメールを送ったはずです。確認してもらえますか？

Tôi đã gửi email cho bạn 3 ngày trước.
Bạn có thể kiểu tra được không?
トイ　ダァ　グゥイ　イーメール　チョー　バン　バー　ンガイ　チュオック
バン　コー　テー　キエム　チャー　ドゥオック　ホン

29 何日から何日までベトナムに帰国する予定ですか？

Bạn dự định về Việt Nam từ ngày nào đến ngày nào?
バン　ズ　ディン　ヴェー　ヴィエット　ナム　トゥ　ンガイ　ナオ　デン　ンガイ　ナオ

30 このスーパーでは毎月1日、ポイントカードを提示すると、全品10%オフになります。

Vào ngày đầu tiên hàng tháng, tại siêu thị này bạn có thể được giảm giá 10% cho tất cả các mặt hàng bằng cách xuất trình thẻ tích điểm của mình.

ヴァオ　ンガイ　ダウ　ティエン　ハン　タン　タイ　シエウ　ティ　ナイ　バン　コー　テー　ドゥオック　ザーム　ザー　ムオイ　ファン　チャム　チョー　タット　カー　カック　マット　ハン　バン　カック　スアット　チン　テェ　ティック　ディエム　クア　ミン

----

31 私は2、3日に1回掃除機をかけます。

Tôi hút bụi 2,3 ngày một lần.

トイ　フット　ブイ　ハイ　バー　ンガイ　モッ　ラン

----

32 給与支給は月末締めの翌月25日支払いです。

Lương được trả vào ngày 25 của tháng tiếp theo sau khi chốt vào cuối tháng.

ルオン　ドゥオック　チャー　ヴァオ　ンガイ　ハイ　ムオイ　ラム　クア　タン　ティエップ　テオ　サウ　ヒィー　チョット　ヴァオ　クオイ　タン

----

33 令和5年は西暦の2023年です。

Reiwa năm thứ 5 là năm 2023 (dương lịch).

レイワ　ナム　トゥ　ナム　ラー　ナム　ハイ　ホン　ハイ　バー（ズオン　リック）

----

34 3年ぶりにベトナムに行きました。

3 năm rồi tôi mới trở lại Việt Nam.

バー　ナム　ゾイ　トイ　モイ　チョー　ライ　ヴィエット　ナム

----

35 いつご都合がよろしいですか。

Khi nào thuận tiện cho bạn?

ヒィー　ナオ　トゥアン　ティエン　チョー　バン

....

36 火曜日の14時以降でしたらいつでも大丈夫です。

Thứ Ba từ 14 giờ trở đi lúc nào cũng được.

トゥ　バー　トゥ　ムオイ　ボン　ゾー　チョー　ディー　ルック　ナオ　クン　ドゥオック

....

37 日本は現在「令和」という年号を使っています。

Hiện nay Nhật Bản sử dụng niên hiệu "Reiwa".

ヒエン　ナイ　ニャット　バァン　スゥ　ズン　ニエン　ヒエウ　レイワ

....

2-3 天気

1 今日は天気がいいですね。

Thời tiết hôm nay đẹp nhỉ.

トォイ　ティエット　ホム　ナイ　デップ　ニー

2 今日は晴れています。

Hôm nay trời nắng.

ホム　ナイ　チョイ　ナン

3 今日は暖かいですね。

Hôm nay trời ấm áp nhỉ.

ホム　ナイ　チョイ　アム　アップ　ニー

4 今日は冷えますね。

Hôm nay trời lạnh nhỉ.

ホム　ナイ　チョイ　ライン　ニー

5 今日は午後から雨になるようです。

Có vẻ như trời sẽ mưa vào buổi chiều hôm nay.

コー　ヴェー　ニュー　チョイ　セェ　ムゥア　ヴァオ　ブオイ　チエウ　ホム　ナイ

6 今日は蒸し暑いです。

Hôm nay trời oi bức.

ホム　ナイ　チョイ　オイ　ブック

7 今日は雲一つない晴天です。

Hôm nay là một ngày nắng không có mây.

ホム　ナイ　ラー　モッ　ンガイ　ナン　ホン　コー　マイ

---

8 今日は霧が濃いですから、運転には気をつけて下さい。

Hôm nay sương mù dày đặc nên lái xe cẩn thận.

ホム　ナイ　スォン　ムー　ザイ　ダック　ネン　ライ　セー　カン　タン

---

9 今日は風が強いですね。

Gió hôm nay mạnh nhỉ.

ゾー　ホム　ナイ　マイン　ニー

---

10 大阪の天気はどうですか？

Thời tiết ở Osaka thế nào?

トォイ　ティエット　オォ　オーサカ　テー　ナオ

---

11 日本の梅雨はじめじめしています。

Vào mùa mưa thời tiết ở Nhật Bản rất ẩm ướt.

ヴァオ　ムア　ムゥア　トォイ　ティエット　オォ　ニャット　バァン　ザット　アム　ウォット

---

12 雨が止みました。

Trời đã tạnh mưa rồi.

チョイ　ダ　タァイン　ムゥア　ゾイ

---

13 雨が降りそうです。

Có vẻ như trời sẽ mưa.

コー　ヴェー　ニュー　チョイ　セェ　ムゥア

14 今の気温は何度ですか？

Nhiệt độ bây giờ là bao nhiêu?

ニェッ ド バイ ゾー ラー バオ ニエウ

....

15 20℃です。

20 độ.

ハイ ムオイ ド

....

16 今日の最高気温は35℃です。

Hôm nay nhiệt độ cao nhất là 35 độ.

ホム ナイ ニェッ ド カオ ニャット ラー バー ムオイ ラム ド

....

17 明日の最低気温は2℃だそうです。

Nghe nói nhiệt độ thấp nhất ngày mai sẽ là 2 độ.

ンゲー ノイ ニェッ ド タップ ニャット ンガイ マイ セェ ラー ハイ ド

....

18 明日は氷点下になる予想です。

Dự báo nhiệt độ sẽ xuống dưới 0 độ vào ngày mai.

ズ バオ ニェッ ド セェ スオン ズオイ ホン ド ヴァオ ンガイ マイ

....

19 天気予報によると、東京はしばらく曇りの日が続くようです。

Theo dự báo thời tiết thì trời Tokyo tiếp tục nhiều mây.

テオ ズ バオ トォイ ティエット ティー チョイ トーキョー ティエップ トゥック ニエウ マイ

....

20 今日は暖かくして寝て下さいね。

Hôm nay nhớ giữ ấm khi đi ngủ nhé.

ホム ナイ ニョー ジュ アム ヒィー ディー ングウ ニェ

....

21 寒いので、上着を着た方がいいですよ。

Trời lạnh đó, bạn nên mặc áo khoác.

チョイ　ライン　ドー　バン　ネン　マック　アオ　コアック

22 花粉症は大丈夫ですか？

Bạn có bị dị ứng phấn hoa không?

バン　コー　ビ　ジ　ウン　ファン　ホア　ホン

23 これから台風が接近するようですから気をつけて下さい。

Có vẻ bão sắp tiến tới gần, bạn nhớ cẩn thận.

コー　ヴェー　バァオ　サップ　ティエン　トォイ　ガン　バン　ニョー　カン　タン

24 明日は東京で3年ぶりに雪が積もるようです。

Có vẻ hôm nay ở Tokyo sẽ đọng tuyết, sau 3 năm trời vắng bóng.

コー　ヴェー　ホム　ナイ　オォ　トーキョー　セェ　ドン　トゥイエット　サウ　バー　ナム　チョイ　ヴァン　ボン

25 雪で足元が滑りやすいので、注意して下さい。

Đường đi rất trơn trượt, bạn nên cẩn thận từng bước đi.

ドゥオン　ディー　ザット　チョン　チュオット　バン　ネン　カン　タン　トゥン　ブオック　ディー

26 空気が乾燥しています。

Không khí đang hanh khô.

ホン　ヒィー　ダーン　ハイン　コー

27 冬は肌が乾燥します。

Da bị khô vào mùa đông.

ザー　ビ　コー　ヴァオ　ムア　ドン

2-4 数字

. . . .

1 100

Một trăm
モッ　チャム

---

2 1000

Một nghìn
モッ　ンギン

---

3 1000000

Một triệu
モッ　チエウ

---

4 1000000000

Một tỷ
モッ　ティ

---

5 4分の1

Một phần bốn
モッ　ファン　ボン

---

6 2.5

Hai phẩy năm
ハイ　ファイ　ナム

---

7 42.195

Bốn mươi hai phẩy một trăm chín mươi lăm

ボン　ムオイ　ハイ　ファイ　モッ　チャム　チン　ムオイ　ラム

----

8 −10

Âm mười

アム　ムオイ

----

9 3＋4＝7

Ba cộng bốn bằng bảy

バー　コン　ボン　バン　バァイ

----

10 10−8＝2

Mười trừ tám bằng hai

ムオイ　チュー　タム　バン　ハイ

----

11 9×4＝36

Chín nhân bốn bằng ba mươi sáu

チン　ニャン　ボン　バン　バー　ムオイ　サウ

----

12 30÷6＝5

Ba mươi chia sáu bằng năm

バー　ムオイ　チア　サウ　バン　ナム

----

13 このケーキを6等分にできますか？

Bạn có thể cắt chiếc bánh này thành 6 phần bằng nhau không?

バン　コー　テー　カット　チィェック　バイン　ナイ　サウ　ファン　バン　ニャウ　ホン

----

14 このヒモを3分の1に切って下さい。

Hãy cắt một phần ba chiều dài sợi dây này.

ハァイ　カット　モッ　ファン　バー　チエウ　ザイ　ソォイ　ザイ　ナイ

---

15 この薬は水で3倍に薄めてから飲んで下さい。

Hãy pha thêm 3 lần nước vào thuốc rồi uống.

ハァイ　ファー　テム　バー　ラン　ヌォック　ヴァオ　トゥオック　ゾイ　ウオン

---

16 この段ボールは長さ 445 × 幅 340 × 深さ 282 mmです。

Kích thước của thùng các-tông này là dài 445mm, rộng 340mm, sâu 282mm.

キック　トゥオック　クア　トゥン　カッ　トン　ナイ　ラー　ザイ　ボン　チャム　ボン　ム　オイ　ラム　ミリメッ　ゾン　バー　チャム　ボン　ムオイ　ミリメッ　サウ　ハイ　チャム　タム　ムオイ　ハイ　ミリメッ

---

17 最寄駅から1km圏内の家を借りたいです。

Tôi muốn thuê một căn nhà trong bán kính 1km từ nhà ga gần nhất.

トイ　ムオン　トゥエ　モッ　カン　ニャー　チョン　バン　キン　モッ　キロメッ　トゥ　ニャー　ガー　ガン　ニャット

---

18 彼の席は前から2列目、右から3列目です。

Chỗ ngồi của anh ấy ở hàng thứ hai từ trên xuống và thứ ba từ phải sang.

チョオ　ンゴイ　クア　アイン　アイー　オォ　ハン　トゥ　ハイ　トゥ　チェン　スオン　ヴァ　トゥ　バー　トゥ　ファーイ　サン

---

19 上から4段目の引き出しを開けて下さい。

Mở ngăn kéo thứ tư từ trên xuống.

モォ　ンガン　ケオ　トゥ　トゥ　トゥ　チェン　スオン

---

20 斜め前の席が空いています。

Chỗ xéo xéo phía trước đang bỏ trống.

チョオ　セオ　セオ　フィア　チュォック　ダーン　ボー　チョン

注 意

日本では小数点に「．」を使いますが、ベトナムでは「，」を使います。
一方、数字を3桁ごとに区切るときは日本では「，」を使いますが、ベトナムでは「．」を使います。ベトナムでは金額表示でよく使われており、身近なところだと、タクシーのメーターやスーパーの値札などで目にします。
間違いやすいので注意が必要です！

2-5 体調

. . . .

1 体調はいかがですか？

Bạn cảm thấy thế nào?

バン　カァム　タイー　テー　ナオ

. . . .

2 顔色がよくありません。

Sắc mặt của bạn không tốt lắm.

サック　マット　クア　バン　ホン　トット　ラム

. . . .

3 病院には行きましたか？

Bạn đã đến bệnh viện chưa?

バン　ダァ　デン　バイン　ヴィエン　チュア

. . . .

4 薬は飲んでいますか？

Bạn có đang dùng thuốc gì không?

バン　コー　ダーン　ズン　トゥオック　ジー　ホン

. . . .

5 どんな症状ですか？

Triệu chứng của bạn như thế nào?

チエウ　チュン　クア　バン　ニュー　テー　ナオ

. . . .

6 お腹が痛いです。

Tôi bị đau bụng.

トイ　ビ　ダウ　ブン

. . . .

7 頭が痛いです。

Tôi bị đau đầu.

トイ　ビ　ダウ　ダウ

. . . .

8 めまいがします。

Tôi bị chóng mặt.

トイ　ビ　チョン　マット

....

9 38℃以上の熱が続いています。

Tôi bị sốt trên 38 độ kéo dài.

トイ　ビ　ソット　チェン　バー　ムオイ　タム　ド　ケオ　ザイ

....

10 鼻水が出ます。

Tôi bị sổ mũi.

トイ　ビ　ソォ　ムゥイ

....

11 めやにが出ます。

Mắt tôi bị ra nhiều ghèn.

マット　トイ　ビ　ザー　ニエウ　ゲン

....

12 傷口の出血が止まりません。

Vết thương chảy máu không ngừng.

ヴェット　トゥオン　チャイ　マウ　ホン　ングン

....

13 腕を骨折しました。

Tôi bị gãy tay.

トイ　ビ　ガァイ　タイ

....

14 足首をねんざしました。

Tôi bị bong gân cổ chân.

トイ　ビ　ボン　ガン　コォ　チャン

....

15 発疹が出ました。

Tôi bị sốt phát ban.

トイ　ビ　ソット　ファット　バン

16 痙攣が止まりません。

Tôi bị co giật.

トイ　ビ　コー　ザット

17 嘔吐しました。

Tôi bị nôn mửa.

トイ　ビ　ノン　ムゥア

18 背中が痒くてたまりません。

Lưng tôi ngứa ngáy khó chịu.

ルン　トイ　ングゥア　ンガイ　コー　チウ

19 インフルエンザにかかりました。

Tôi bị cúm.

トイ　ビ　クム

20 咳が止まりません。

Tôi không thể ngừng ho.

トイ　ホン　テー　ングン　ホー

21 この薬は朝夜1日2回、食後に飲んで下さい。

Uống thuốc này hai lần một ngày, sáng và tối, sau bữa ăn.

ウオン　トゥオック　ナイ　ハイ　ラン　モッ　ンガイ　サン　ヴァ　トイ　サウ　ブゥア　アン

22 無理をしないでゆっくり休んでください。

Đừng cố quá sức và hãy nghỉ ngơi thật tốt.

ドゥン　コー　クア　スック　ヴァ　ハァイ　ニー　ンゴーイ　タット　トット

....

23 回復したら連絡下さい。

Khi nào bình phục hãy gọi cho tôi.

ヒー　ナオ　ビン　フック　ハァイ　ゴイ　チョー　トイ

....

24 インフルエンザのワクチンは打ちましたか？

Bạn đã tiêm phòng cúm chưa?

バン　ダァ　ティエム　フォン　クム　チュア

....

25 救急車を呼ぶときは119に連絡して下さい。

Hãy gọi 119 để gọi xe cấp cứu.

ハァイ　ゴイ　モッ　モッ　チン　デェ　ゴイ　セー　カップ　キュー

....

26 定期的に人間ドックは受けていますか？

Bạn có khám sức khoẻ định kỳ không?

バン　コー　カム　スック　コエ　ディン　キイ　ホン

....

27 健康保険証を持参して下さい。

Vui lòng mang theo thẻ bảo hiểm y tế.

ヴイ　ロン　マン　テオ　テェ　バオ　ヒエム　イー　テー

....

28 来日後、花粉症になりました。

Sau khi đến Nhật Bản, tôi bị dị ứng phấn hoa.

サウ　ヒィー　デン　ニャット　バァン　トイ　ビ　ジ　ウン　ファン　ホア

....

29 昨日、献血をしました。

Tôi đã hiến máu ngày hôm qua.

トイ　ダァ　ヒエン　マウ　ンガイ　ホム　クア

30 レントゲンを撮りました。

Tôi đã chụp X-quang.

トイ　ダァ　チュップ　イクシクアン

31 後遺症の症状があります。

Tôi có triệu chứng của di chứng.

トイ　コー　チエウ　チュン　クア　ジー　チュン

32 体調は少し良くなりました。

Tôi đã thấy đỡ hơn một chút rồi.

トイ　ダァ　タイー　ドォ　ホォン　モッ　チュット　ゾイ

33 食品アレルギーがあります。

Tôi bị dị ứng thực phẩm.

トイ　ビ　ジ　ウン　トゥック　ファム

34 PCR検査の結果は陰性（陽性）でした。

Kết quả xét nghiệm PCR của tôi là âm tính (dương tính).

ケッ　クァ　セット　ンニエム　ピーシーアール　クア　トイ　ラー　アム　ティン（ズォン　ティン）

35 深呼吸しましょう。吸って、吐いて…。

Hít thở thật sâu. Hít vào, thở ra.

ヒット　トォ　タット　サウ　ヒット　ヴァオ　トォ　ザー

2-6　社会・文化

1 日本は四方八方を海に囲まれた島国です。

Nhật Bản là một đảo quốc được biển bao quanh tứ phía.

ニャット　バァン　ラー　モッ　ダオ　クォック　ドゥオック　ビエン　バオ　クアイン　トゥ　フィア

2 日本の人口は約1億2700万人です。

Dân số Nhật Bản vào khoảng 127 triệu người.

ザン　ソー　ニャット　バァン　ヴァオ　ホアン　モッ　チャム　ハイ　ムオイ　バァイ　チエウ　ングォイ

3 日本の平均年齢は49歳です。

Độ tuổi trung bình ở Nhật Bản là 49 tuổi.

ド　トゥオイ　チュン　ビン　オァ　ニャット　バァン　ラー　ボン　ムオイ　チン　トゥオイ

4 日本は少子高齢化に直面しています。

Nhật Bản đang phải đối mặt với vấn đề tỷ lệ sinh giảm và già hoá dân số.

ニャット　バァン　ダーン　ファーイ　ドイ　マット　ヴォイ　ヴァン　デー　ティ　レ　シン　ザーム　ヴァ　ザー　ホアー　ザン　ソー

5 日本では新年度が4月から始まります。

Tại Nhật Bản, năm tài chính bắt đầu vào tháng 4.

タイ　ニャット　バァン　ナム　タイ　チン　バット　ダウ　ヴァオ　タン　トゥ

6 日本には新年に神社や寺院を参拝する「初詣」の風習が
あります。

Ở Nhật Bản, phong tục đến thăm đền chùa vào năm mới được gọi là "Hatsumōde".

オォ　ニャット　バァン　フォン　トゥック　デン　タム　デン　チュア　ヴァオ　ナム
モォイ　ドゥオック　ゴイ　ラー　ハツモウデ

---

7 日本人は参拝するときに、お賽銭を納めます。

Khi đi lễ chùa, người Nhật sẽ ném đồng xu vào hòm công đức.

ヒィー　ディー　レェ　チュア　ングオイ　ニャット　セェ　ネム　ドン　スー　ヴァオ　ホム　コン　ドゥック

---

8 例年、東京では3月下旬に桜が満開になります。

Ở Tokyo, hoa anh đào nở rộ vào cuối tháng 3 hàng năm.

オォ　トーキョー　ホア　アイン　ダオ　ノォ　ゾ　ヴァオ　クオイ　タン　バー　ハン　ナム

---

9 3月3日はひな祭りといって、女の子が幸せになることを
願うお祭りです。

Ngày 3 tháng 3 là Hinamatsuri, lễ hội cầu nguyện cho hạnh phúc của các bé gái.

ンガイ　バー　タン　バー　ラー　ヒナマツリ　レェ　ホイ　カウ　ングイエン　チョー　ハイン
フック　クア　カック　ベー　ガイ

---

10 5月5日は端午の節句といって、男の子が元気に育つことを
願う行事です。

Ngày 5 tháng 5 được gọi là Tango no Sekku, một sự kiện để cầu nguyện cho sự phát triển khỏe mạnh của các bé trai.

ンガイ　ナム　タン　ナム　ドゥオック　ゴイ　ラー　タンゴノセック　モッ　ス　キエン　デェ
カウ　ングイエン　チョー　ス　ファット　チエン　コエ　マイン　クア　カック　ベー　チャイ

11 七五三では3歳・5歳・7歳となった子どもの成長を記念して、家族と神社やお寺に参拝します。

Vào lễ hội Shichigosan, các gia đình đến đền chùa để kỷ niệm sự trưởng thành của những đứa trẻ 3,5,7 tuổi.

ヴァオ　レ　ホイ　シチゴサン　カック　ザー　ディン　デン　デン　チュア　デェ　キィ　ニエム　ス　チュオン　タイン　クア　ニュン　ドゥア　チェー　バー　ナム　ヴァ　バァイ　トゥオイ

12 日本人は8月のお盆休みに先祖のお墓参りをします。

Người Nhật đi thăm mộ tổ tiên trong dịp lễ Obon vào tháng 8.

ングオイ　ニャット　ディー　タム　モ　トー　ティエン　チョン　ジップ　レ　オボン　ヴァオ　タン　タム

13 秋になると各地で紅葉が楽しめます。

Vào mùa thu, bạn có thể thưởng thức lá đỏ ở khắp mọi nơi.

ヴァオ　ムア　トゥ　バン　コー　テー　トゥオン　トゥック　ラー　ドォ　オォ　カップ　モイ　ノォイ

14 祇園祭は京都の伝統的なお祭りです。

Lễ hội Gion là một lễ hội truyền thống ở Kyoto.

レ　ホイ　ギオン　ラー　モッ　レ　ホイ　チュイエン　トォン　オォ　キョート

15 日本には「お歳暮」「お中元」という贈答文化があります。

Ở Nhật Bản có văn hóa tặng quà gọi là "Oseibo" và "Ochugen".

オォ　ニャット　バァン　コー　ヴァン　ホア　タン　クアー　ゴイ　ラー　オセイボ　ヴァ　オチュウゲン

16 日本は車両の左側通行が法律で定められています。

Tại Nhật Bản, luật qui định các phương tiện phải lưu thông bên trái.

タイ　ニャット　バァン　ルアット　クイ　ディン　カック　フオン　ティエン　ファーイ　ルゥー　トォン　ベン　チャイ

17 日本は世界有数の火山国です。

Nhật Bản là một trong những quốc gia có nhiều núi lửa nhất trên thế giới.

ニャット　バァン　ラー　モッ　チョン　ニュン　クォック　ザー　コー　ニエウ　ヌイ　ルゥア　ニャット　チェン　テー　ゾォイ

18 日本は昔から地震の多い国です。

Nhật Bản từ lâu đã là quốc gia hứng chịu nhiều trận động đất.

ニャット　バァン　トゥ　ラウ　ダァ　ラー　クォック　ザー　フゥン　チウ　ニエウ　チャン　ドン　ダット

19 地震が起きても、パニックにならずに落ち着いて行動しましょう。

Ngay cả khi một trận động đất xảy ra, đừng hoảng sợ và hành động một cách bình tĩnh.

ンガイ　カア　ヒィー　モッ　チャン　ドン　ダット　サイ　ザー　ドゥン　ホアン　ソ　ヴァ　ハイン　ドン　モッ　カック　ビン　ティン

20 災害時に焦らないよう、日頃から防災訓練に参加するといいですよ。

Bạn nên thường xuyên tham gia các buổi diễn tập phòng chống thảm họa để không vội vàng khi xảy ra thảm họa.

バン　ネン　トゥオン　スウイエン　タム　ザー　カック　ブオイ　ジエン　タップ　フォン　チョン　タム　ホア　デェ　ホン　ヴォイ　ヴァン　ヒィー　サイ　ザー　タム　ホア

21 ベトナムの祝日はいつですか？

Ngày nghỉ lễ ở Việt Nam là ngày nào?

ンガイ　ニー　レェ　オォ　ヴィエット　ナム　ラー　ンガイ　ナオ

22 ベトナムで一番人気のスポーツは何ですか？

Môn thể thao phổ biến nhất ở Việt Nam là gì?

モン　テー　タオ　フォー　ビエン　ニャット　オォ　ヴィエット　ナム　ラー　ジー

23 ベトナムの義務教育は何年ですか。

Giáo dục bắt buộc ở Việt Nam là bao nhiêu năm?

ザオ　ズック　バット　ブォック　オォ　ヴィエット　ナム　ラー　バオ　ニエウ　ナム

24 フォーの主な原料は何ですか？

Nguyên liệu chính của phở là gì?

ングエン　リエウ　チン　クア　フォー　ラー　ジー

25 ベトナムの主な交通手段はバイクです。

Phương tiện di chuyển chính ở Việt Nam là xe máy.

フォン　ティエン　ジー　チュィエン　チン　オォ　ヴィエット　ナム　ラー　セー　マイー

26 ハノイとホーチミン以外におすすめの観光地はありますか？

Ngoài Hà Nội và Thành phố Hồ Chí Minh, bạn có đề xuất thêm địa điểm tham quan nào nữa không?

ンゴアイ　ハ　ノイ　ヴァ　タイン　フォー　ホー　チー　ミン　バン　コー　デー　スアット　テム　ディア　ディエム　タム　クアン　ナオ　ヌア　ホン

27 最近V-POPにハマっています。

Dạo này tôi nghiện V-POP.

ザオ　ナイ　トイ　ンニエン　ヴィーポップ

. . . .

28 ベトナムの結婚式にはどんな服装で参加したら良いですか？

Tôi nên mặc gì khi tham dự một đám cưới Việt Nam?

トイ　ネン　マック　ジー　ヒィー　タム　ズ　モッ　ダム　クオイ　ヴィエット　ナム

. . . .

29 ベトナムの結婚式に参加するときに、気を付けるべき点は
ありますか？

Có điều gì tôi cần lưu ý khi tham dự một đám cưới Việt Nam không?

コー　ディエウ　ジー　トイ　カン　ルゥー　イー　ヒィー　タム　ズ　モッ　ダム　クオイ
ヴィエット　ナム　ホン

. . . .

補足資料

・・・

月 (tháng)

1月	tháng 1	タン　モッ	7月	tháng 7	タン　バァイ
2月	tháng 2	タン　ハイ	8月	tháng 8	タン　タム
3月	tháng 3	タン　バー	9月	tháng 9	タン　チン
4月	tháng 4	タン　トゥ	10月	tháng 10	タン　ムオイ
5月	tháng 5	タン　ナム	11月	tháng 11	タン　ムオイ　モッ
6月	tháng 6	タン　サウ	12月	tháng 12	タン　ムオイ　ハイ

曜日 (thứ)

月曜日	thứ Hai (T2)	トゥ　ハイ
火曜日	thứ Ba (T3)	トゥ　バー
水曜日	thứ Tư (T4)	トゥ　トゥ
木曜日	thứ Năm (T5)	トゥ　ナム
金曜日	thứ Sáu (T6)	トゥ　サウ
土曜日	thứ Bảy (T7)	トゥ　バァイ
日曜日	chủ Nhật (CN)	チュウ　ニャット

数字 (con số)

0	không/linh	ホン/リン	11	mười một	ムオイ　モッ	
1	một	モッ	12	mười hai	ムオイ　ハイ	
2	hai	ハイ	13	mười ba	ムオイ　バー	
3	ba	バー	14	mười bốn	ムオイ　ボン	
4	bốn	ボン	15	mười lăm	ムオイ　ラム ※1	
5	năm	ナム	16	mười sáu	ムオイ　サウ	
6	sáu	サウ	17	mười bảy	ムオイ　バァイ	
7	bảy	バァイ	18	mười tám	ムオイ　タム	
8	tám	タム	19	mười chín	ムオイ　チン	
9	chín	チン	20	hai mươi	ハイ　ムオイ ※2	
10	mười	ムオイ	21	hai mươi mốt	ハイ　ムオイ　モッ ※3	

※1　「15」「25」など一の位が5になるときは「lăm」を使用することもある。
※2　「20」「30」など十の位に2以上の数字が入る場合、10は「mươi」の発音になる。
※3　「21」「31」など十の位に2以上の数字が入る場合、1は「mốt」の発音になる。

100 (百)	một trăm	モッ　チャム
1000 (千)	một nghìn/một ngàn	モッ　ンギン／モッ　ンガン
10000 (万)	mười nghìn/mười ngàn	ムオイ　ンギン／ムオイ　ンガン
1000000 (百万)	một triệu	モッ　チエウ
100000000 (億)	một trăm triệu	モッ　チャム　チエウ
1000000000 (十億)	một tỷ	モッ　ティ

日本における在留ベトナム人の状況

～日本でも使用機会に恵まれる重要言語「ベトナム語」

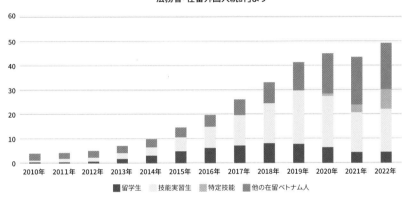

在留ベトナム人数(万人)
法務省「在留外国人統計」より

凡例: ■ 留学生　□ 技能実習生　▨ 特定技能　▨ 他の在留ベトナム人

　2010年に約4万人だった在留ベトナム人数は、2022年末には約49万人と10倍以上に拡大。国籍別の順位では中国人（76万人）に続いて2位と、在留外国人数（307万人）の約16%を占める規模になりました（法務省「在留外国人統計」）。

　在留ベトナム人数をここまで引き上げたのは、主に「技能実習生」と「留学生」です。筆者がハノイに住んでいた2013年当時はちょうど日本行きの技能実習生の黎明期。現地では実習生の募集や育成、送り出し業務を担当する機関の設立が相次ぎ、ここで共同生活を送りながら来日に向けて日本語を学習する技能実習生も日に日に増えている状況でした。20平米ほどの小さな教室に20〜30人ほどの実習生がぎゅうぎゅう詰めになって、毎日朝から夕方まで日本語を学習している様子を初めて見たときには驚きました。

ただ、日本行きがブームとなってから10年ほどが経過し、技能実習生や留学生の来日は転換期を迎えています。現地では「実習生の募集をかけても、募集要件にあった人材が以前のように集まらない」という声も聞かれます。これには、まずベトナムの変化があります。国内の賃金相場が高まり日本で稼げる賃金との差が徐々に埋まっていること、世界的な労働力不足により日本以外でもっと良い条件で出稼ぎできる国の選択肢が増えたことなどが挙げられます。一方、日本側の賃金はなかなか上がらず、ここ最近は円安も加速し、実習生にとって母国への送金も目減りするなど逆風となっています。また、SNSの普及や来日経験者の増加で、ベトナム現地でも日本の生活や就労環境・条件など幅広い情報が共有されるようになり、慎重に来日を選択できるようにもなりました。

　これに対して、高度人材の在留資格「技術・人文知識・国際業務」や2019年に新設された就労資格「特定技能」、配偶者の帯同で来日する「家族滞在」などで来日するベトナム人は近年、増加傾向にあります。

　筆者は日本で働くベトナム人向けのオンライン日本語指導サービスを展開していますが、最近は、2年半以上レッスンを続けている学習者が技能実習生から特定技能のビザに切り替えたり、新規でITエンジニアの学習者の割合が増えたりといった変化が見られます。配偶者の仕事の都合で来日したベトナム人家族や、日本人の配偶者となったベトナム人の来日も増えているように感じます。

　このように日本では、すでに多くのベトナム人が生活しており、ベトナム語が活用できる機会も増えています。希少言語の一つながら、現地に行かなくても、日本国内でこれだけコミュニケーションのチャンスに恵まれた言語も珍しいかもしれません。日本人にとっては特に発音が難解な言語ではありますが、ぜひ、一歩一歩着実に積み重ねていきたいですね。

第3章

職場編

　第3章は、日本の職場でベトナム人社員との会話に使えるフレーズを用意しました。職場は日本語のコミュニケーションが主だと思いますが、連絡やスケジュール確認など重要事項を確実に伝えたいという場面では、ベトナム語が使えると便利です。大切なことは、ベトナム語で念押して伝えたり、メールにベトナム語を併記したりすることで、認識違いによるミス防止にも役立ちますね。

3-1 指示・確認

1 ちょっとお願いしたいことがあります。

Tôi có một chuyện muốn nhờ bạn.

トイ コー モッ チュィエン ムオン ニョー バン

2 少し手伝っていただけませんか？

Bạn có thể giúp tôi một chút được không?

バン コー テー ズップ トイ モッ チュット ドゥオック ホン

3 明日までにこの報告書を仕上げて下さい。

Hãy hoàn thành báo cáo này trước ngày mai.

ハァイ ホアン タイン バオ カオ ナイ チュォック ンガイ マイ

4 倉庫から商品を持ってきて下さい。

Hãy mang hàng từ nhà kho đến đây.

ハァイ マン ハン トゥ ニャー コー デン ダイ

5 これを15部コピーしてくれませんか。

Bạn phôtô giúp cái này làm 15 bản nhé.

バン フォト ズップ カイ ナイ ラム ムオイ ラム バァン ニェ

6 ここにサインして下さい。

Hãy ký vào đây.

ハァイ キイ ヴァオ ダイ

7 この資料をベトナム語に翻訳できますか?

Bạn có thể dịch tài liệu này sang tiếng Việt không?

バン　コー　テー　ジック　タイ　リエウ　ナイ　サン　ティエン　ヴィエット　ホン

---

8 このアングルで写真を撮って下さい。

Hãy chụp ảnh từ góc độ này.

ハァイ　チュップ　アイン　トゥ　ゴック　ド　ナイ

---

9 あとでメールすると、ミンさんに伝えてもらえますか。

Bạn có thể nhắn với chị Minh rằng tôi sẽ gửi email cho chị sau không?

バン　コー　テー　ニャン　ヴォイ　チ　ミン　ザン　トイ　セェ　グゥイ　イーメール　チョー　チ　サウ　ホン

---

10 筆記用具と時計は持参して下さい。

Hãy mang theo bút viết và đồng hồ.

ハァイ　マン　テオ　ブット　ヴィエット　ヴァ　ドン　ホー

---

11 ミスがないよう、再確認お願いします。

Vui lòng kiểm tra lại để đảm bảo không có sai sót.

ヴィ　ロン　キエム　チャー　ライ　デ　ダァム　バァオ　ホン　コー　サイ　ソット

---

12 早く行かないと遅れますよ。

Nếu bạn không đi sớm, bạn sẽ bị muộn đấy.

ネウ　バン　ホン　ディー　ソォム　バン　セェ　ビ　ムオン　ダイ

---

13 昨日教えた通りにやって下さい。

Hãy làm giống như tôi đã chỉ hôm qua.

ハァイ　ラム　ゾン　ニュー　トイ　ダァ　チー　ホム　クア

14 この資料は持ち出し禁止です。

Tài liệu này bị cấm mang ra ngoài.

タイ　リエウ　ナイ　ビ　カム　マン　ザー　ンゴアイ

15 それを処分しておいて下さい。

Hãy vứt bỏ nó.

ハァイ　ヴット　ボー　ノー

16 今から少し休憩にしましょう。

Bây giờ chúng ta hãy nghỉ ngơi một chút.

バイ　ゾー　チュン　ター　ハァイ　ニー　ンゴーイ　モッ　チュット

17 A社のアポを取りましたか？

Bạn đã đặt lịch hẹn gặp công ty A chưa?

バン　ダァ　ダット　リック　ヘン　ガップ　コン　ティー　アー　チュア

18 現在の状況を教えてください。

Cho tôi biết tình hình hiện nay là như thế nào?

チョー　トイ　ビエット　ティン　ヒン　ヒエン　ナイ　ラー　ニュー　テー　ナオ

19 気をつけてゆっくりやって下さい。

Hãy cẩn thận làm từ từ.

ハァイ　カン　タン　ラム　トゥ　トゥ

20 全員そろいましたか？

Tất cả có mặt đủ chưa?

タット　カア　コー　マット　ドゥ　チュア

21 一人でできますか？

Bạn có thể làm được một mình không?

バン　コー　テー　ラム　ドゥオック　モッ　ミン　ホン

22 念のため、もう一度確認してみましょう。

Để cho chắc chắn, chúng ta kiểm tra lại.

デェ　チョー　チャック　チャン　チュン　ター　キエム　チャー　ライ

23 ほかに何かありますか？

Còn gì nữa không?

コン　ジー　ヌア　ホン

24 きっと大丈夫です。

Chắc chắn là ổn mà.

チャック　チャン　ラー　オン　マー

25 分からないことは何でも聞いて。

Cứ hỏi tôi bất cứ việc gì nhé.

クー　ホーイ　トイ　バット　クー　ヴィエック　ジー　ニェ

26 そのままにしておいて。

Cứ để yên như thế.

クー　デェ　イエン　ニュー　テー

27 この件については、次の会議で再度議論しましょう。

Hãy thảo luận việc này một lần nữa tại cuộc họp tiếp theo.

ハァイ　タァオ　ルアン　ヴィエック　ナイ　モッ　ラン　ヌア　タイ　クォック　ホップ　ティエップ　テオ

28 私が何か手伝えることはありますか？

Tôi có thể giúp được gì không?

トイ　コー　テー　ズップ　ドゥオック　ジー　ホン

---

29 11時に会社の入り口で待っています。

Tôi sẽ đợi bạn trước cửa vào công ty lúc 11 giờ.

トイ　セ　ドイ　バン　チュオック　クゥア　ヴァオ　コン　ティ　ルック　ムオイ　モッ　ゾー

---

30 先ほどは、きつい言い方をしてしまいすみません。

Tôi xin lỗi vì những lời gay gắt của tôi trước đó.

トイ　スィン　ローイ　ヴィ　ニュン　ロォイ　ガイ　ガット　クア　トイ　チュォック　ドー

3-2　連絡・報告

1 予定が決まったら教えていただけませんか？

Khi nào bạn quyết định lịch trình xong vui lòng báo cho tôi được không?

ヒィー　ナオ　バン　クゥイエット　ディン　リック　チン　ソン　ヴイ　ロン　バオ　チョー
トイ　ドゥオック　ホン

2 今日仕事終わりに飲みにいくのですが、ミンさんもいかがですか？

Hôm nay chúng tôi sẽ đi nhậu sau giờ làm việc, chị Minh đi chung không?

ホム　ナイ　チュン　トイ　セェ　ディー　ニャウ　サウ　ゾー　ラム　ヴィエック　チ　ミン
ディー　チュン　ホン

3 メールを送りましたのでご確認下さい。

Tôi vừa gửi mail, hãy kiểm tra hộ tôi.

トイ　ヴァ　グゥイ　メール、ハァイ　キエム　チャー　ホ　トイ

4 皆さんの予定を把握したいので、予定表にそれぞれ記入してください。

Tôi muốn nắm lịch trình của mọi người, nên nhờ từng người điền vào bản lịch trình này.

トイ　ムオン　ナム　リック　チン　クア　モイ　ングォイ　ネン　ニョー　トゥン　ングォイ
ディエン　ヴァオ　バン　リック　チン　ナイ

第3章　職場編

71

5 急ぎの連絡がありますので、至急、折り返しください。

Có việc khẩn cấp, bạn hãy gọi lại cho tôi càng sớm càng tốt.

コー　ヴィエック　カーン　カップ　バン　ハァイ　ゴイ　ライ　チョー　トイ　カン　ソォム
カン　トット

6 会議の日程については追ってご連絡します。

Chúng tôi sẽ thông báo cho bạn về lịch trình của cuộc họp sau.

チュン　トイ　セェ　トォン　バオ　チョー　バン　ヴェー　リック　チン　クア　クォック
ホップ　サウ

7 イベントの日程はまだ未定です。

Lịch trình của sự kiện vẫn chưa được xác định.

リック　チン　クア　ス　キエン　ヴァン　チュア　ドゥオック　サック　ディン

8 今手が離せないので、後ほど折り返します。

Bây giờ tôi đang dở tay, tôi sẽ gọi lại sau.

バイ　ゾー　トイ　ダーン　ゾォ　タイ　トイ　セェ　ゴイ　ライ　サウ

9 先ほど連絡をいただきましたか？

Bạn vừa gọi cho tôi lúc nãy phải không?

バン　ヴア　ゴイ　チョー　トイ　ルック　ナァイ　ファーイ　ホン

10 田中はただいま別の電話に出ております。

Anh Tanaka đang nghe cuộc gọi khác.

アイン　タナカ　ダーン　ンゲー　クォック　ゴイ　カック

11 問題ありません。

Không có vấn đề gì.

ホン　コー　バン　デー　ジー

12 午後から外回りです。

Buổi chiều tôi ra ngoài.

ブオイ　チエウ　トイ　ザー　ンゴアイ

13 何かあったら携帯に連絡してね。

Có gì cứ liên lạc qua điện thoại nhé.

コー　ジー　クー　リエン　ラック　クア　ディエン　トアイ　ニェ

14 ご協力ありがとうございました。

Cảm ơn sự giúp đỡ của bạn.

カァム　オン　ス　ズップ　ドォ　クア　バン

15 ご連絡いただきありがとうございます。

Cảm ơn bạn đã liên lạc với tôi.

カァム　オン　バン　ダァ　リエン　ラック　ヴォイ　トイ

16 お気遣いいただきありがとうございます。

Cảm ơn bạn đã quan tâm lo lắng cho tôi.

カァム　オン　バン　ダァ　クアン　タム　ロー　ラン　チョー　トイ

17 ただいま戻りました。

Tôi vừa quay trở lại.

トイ　ヴァ　クアイ　チョー　ライ

18 高橋さんに伝言を伝えていただけますか。

Bạn có thể nhắn lại cho anh Takahashi một tiếng không?

バン　コー　テー　ニャン　ライ　チョー　アイン　タカハシ　モッ　ティエン　ホン

---

19 高橋さんに何か伝えておくことがありますか？

Bạn có cần nhắn lại gì cho anh Takahashi không?

バン　コー　カン　ニャン　ライ　ジー　チョー　アイン　タカハシ　ホン

---

20 武田は席をはずしております。

Anh Takeda hiện không có mặt ở bàn làm việc.

アイン　タケダ　ヒエン　ホン　コー　マット　オ　バン　ラム　ヴィエック

---

21 急用ができてしまいました。

Tôi có việc gấp rồi.

トイ　コー　ヴィエック　ガップ　ゾイ

3-3　休暇・残業

. . . .

1 ベトナムの旧正月の時期にお休みをいただきたいのですが。

Tôi muốn nghỉ phép vào dịp Tết Nguyên Đán Việt Nam.

トイ　ムオン　ニー　フェップ　ヴァオ　ジップ　テット　ングエン　ダン　ヴィエット　ナム

2 いつ夏休みを取得する予定ですか?

Bạn định lấy phép nghỉ hè vào khi nào?

バン　ディン　ライー　フェップ　ニー　ヘー　ヴァオ　ヒィー　ナオ

3 今日は残業をお願いできますか?

Hôm nay bạn có thể làm thêm giờ không?

ホム　ナイ　バン　コー　テー　ラム　テム　ゾー　ホン

4 定時であがってください。

Hãy về đúng giờ.

ハアイ　ヴェー　ドゥン　ゾー

5 来週から有給休暇を取得します。

Từ tuần sau tôi sẽ lấy ngày phép có lương.

トゥー　トゥアン　サウ　トイ　セェ　ライー　ンガイ　フェップ　コー　ルオン

6 先日の休日出勤分の代休はいついただけますか?

Khi nào thì được nghỉ bù cho ngày làm việc vào ngày nghỉ của tuần trước ạ?

ヒィー　ナオ　ティー　ドゥオック　ニー　ブー　チョー　ンガイ　ラム　ヴィエック　ヴァオ
ンガイ　ニー　クア　トゥアン　チュオック　ア

. . . .

7 明日は病院に寄るため、半休をいただきます。

Hôm nay tôi xin nghỉ nửa ngày để ghé qua bệnh viện.

ホム　ナイ　トイ　スィン　ニー　ヌア　ンガイ　デェ　ゲー　クア　バイン　ヴィエン

8 弊社のシフトは日勤、夜勤の２交代制です。

Công ty chúng tôi làm việc theo hai ca luân phiên, gồm ca sáng và ca tối.

コン　ティ　チュン　トイ　ラム　ヴィエック　テオ　ハイ　カー　ルアン　フィエン　ゴム
カー　サン　ヴァ　カー　トイ

9 明日のシフトを代わっていただけませんか？

Ngày mai bạn có thể đổi ca với tôi được không?

ンガイ　マイ　バン　コー　テー　ドォイ　カー　ヴォイ　トイ　ドゥオック　ホン

10 この件については、直属の上司の承認をもらって下さい。

Việc này bạn hãy xin cấp trên trực thuộc duyệt.

ヴィエック　ナイ　バン　ハアイ　スィン　カップ　チェン　チュック　トゥオック　ズイエット

11 金曜日は、在宅勤務の予定です。

Tôi sẽ làm việc ở nhà vào thứ Sáu.

トイ　セェ　ラム　ヴィエック　オ　ニャー　ヴァオ　トゥ　サウ

12 週末は子供に英語を教えるボランティアをしています。

Vào cuối tuần, tôi tình nguyện dạy tiếng Anh cho trẻ em.

ヴァオ　クオイ　トゥアン　トイ　ティン　ングイエン　ザイ　ティエン　アイン　チョー
チェー　エム

13 無断欠勤なんて、あの人にはあきれて物も言えません。

Tôi sốc đến không nói được gì khi người đó nghỉ làm mà không xin phép.

トイ ソック デン ホン ノイ ドゥオック ジー ヒィー ングォイ ドー ニー ラム マー ホン スィン フェップ

14 もし可能なら、明日は朝7時に出社してもらえますか？

Nếu được thì 7 giờ sáng mai bạn đến làm việc được không?

ネウ ドゥオック ティー バァイ ゾー サン マイ バン デン ラム ヴィエック ドゥ オック ホン

15 ビザの更新手続きに行くため、今日は早退します。

Hôm nay tôi sẽ về sớm để đi làm thủ tục gia hạn visa.

ホム ナイ トイ セェ ヴェー ソォム デェ ディー ラム トゥ トゥック ザー ハン ヴィザ

16 休暇に入る前に、仕事の引き継ぎをよろしくね。

Hãy bàn giao công việc trước khi bạn nghỉ phép nhé.

ハァイ バン ザオ コン ヴィエック チュォック ヒィー バン ニー フェップ ニェ

3-4 意見・評価

・・・

1 この計画について、トゥアンさんはどう思いますか?

Tuấn nghĩ sao về kế hoạch này?

トゥアン　ニィ　サオ　ヴェー　ケー　ホアック　ナイ

・・・

2 トゥアンさんの考えを聞かせて下さい。

Cho tôi biết những gì Tuấn nghĩ.

チョー　トイ　ビエット　ニュン　ジー　トゥアン　ニィ

・・・

3 AとB、どちらの案がいいと思いますか?

Bạn nghĩ phương án nào tốt hơn, A hay B?

バン　ニィ　フオン　アン　ナオ　トット　ホォン　アー　ハイ　ベー

・・・

4 もっとじっくり意見を聞かせていただけませんか?

Có thể cho tôi nghe ý kiến của bạn kỹ hơn được không?

コー　テー　チョー　トイ　ンゲー　イー　キエン　クア　バン　キイ　ホォン　ドゥオック　ホン

・・・

5 何か提案があったら言ってくださいね。

Nếu bạn có bất cứ đề xuất gì cứ nói với tôi nhé.

ネウ　バン　コー　バット　クー　デー　スアット　ジー　クー　ノイ　ヴォイ　トイ　ニェ

・・・

6 私は、その意見に賛成です。

Tôi đồng ý với ý kiến đó.

トイ　ドン　イー　ヴォイ　イー　キエン　ドー

・・・

7 私は、その意見に反対です。

Tôi phản đối với ý kiến đó.

トイ　ファン　ドイ　ヴォイ　イー　キエン　ドー

8 もう少し考えさせていただきます。

Cho phép tôi nghĩ thêm chút nữa.

チョー　フェップ　トイ　ニィ　テム　チュット　ヌア

9 大切なことですので、よく考えて決めて下さいね。

Đây là một điều rất quan trọng nên hãy suy nghĩ thật kỹ rồi mới quyết định nhé!

ダイ　ラー　モッ　ディエウ　ザット　クアン　チョン　ネン　ハァイ　スイ　ニィ　タット
キイ　ゾイ　モォイ　クゥイエット　ディン　ニェ

10 あなた次第です。

Tuỳ bạn vậy.

トゥイ　バン　ヴァイ

11 私の意見は以上です。

Ý kiến của tôi là như thế.

イー　キエン　クア　トイ　ラー　ニュー　テー

12 私の意見は少し違います。

Ý kiến của tôi khác một chút.

イー　キエン　クア　トイ　カック　モッ　チュット

13 多数決をとりましょう。

Chúng ta sẽ quyết định theo đa số.

チュン　ター　セェ　クゥイエット　ディン　テオ　ダー　ソー

14 みなさん、積極的に意見を出して下さい。

Xin mọi người tích cực cho ý kiến.

スィン　モイ　ングォイ　ティック　クック　チョー　イー　キエン

---

15 新プロジェクトについて、何かいいアイディアがある人はいませんか？

Về dự án mới có ai có ý tưởng gì hay không?

ヴェー　ズ　アン　モォイ　コー　アイ　コー　イー　トゥオン　ジー　ハイ　ホン

---

16 発言する方は挙手して下さい。

Ai có đề xuất xin giơ tay.

アイ　コー　デー　スアット　スィン　ゾー　タイ

---

17 来月の展覧会について、営業部と意見交換をしましょう。

Hãy trao đổi ý kiến với phòng kinh doanh về cuộc triển lãm tháng tới.

ハァイ　チャオ　ドォイ　イー　キエン　ヴォイ　フォン　キン　ゾアイン　ヴェー　クォック　チエン　ラァム　タン　トォイ

---

18 私も同感です。

Tôi cũng thấy như thế.

トイ　クン　タイー　ニュー　テー

---

19 今回の計画は現実的ではないと思います。

Tôi nghĩ rằng kế hoạch lần này không được thực tế.

トイ　ニィ　ザン　ケー　ホアック　ラン　ナイ　ホン　ドゥオック　トゥック　テー

---

20 これは個人的な意見です。

Đây chỉ là ý kiến mang tính cá nhân.

ダイ　チー　ラー　イー　キエン　マン　ティン　カア　ニャン

---

21 彼は社交的です。

Anh ấy hoà đồng.

アイン　アイー　ホア　ドン

22 トゥアンさんは大勢の人の前で堂々とプレゼンをするなど、度胸があります。

Tuấn rất dạn dĩ, anh có thể tự tin thuyết trình trước rất nhiều người.

トゥアン　ザット　ザン　ジィ　アイン　コー　テー　トゥ　ティン　トゥイエット　チン
チュォック　ザット　ニエウ　ングォイ

23 彼はリーダーシップがあります。

Anh ấy có khả năng lãnh đạo.

アイン　アイー　コー　カー　ナン　ライン　ダオ

24 彼女は完璧主義です。

Cô ấy là người cầu toàn.

コー　アイー　ラー　ングォイ　カウ　トアン

25 彼は良くも悪くも楽天的です。

Thật khó nói là tốt hay xấu, nhưng tính anh ấy lạc quan.

タット　コー　ノイ　ラー　トット　ハイ　サウ　ニュン　ティン　アイン　アイー　ラッ　クアン

26 彼はマイペースだ。

Anh ấy có nguyên tắc riêng.

アイン　アイー　コー　ングイエン　タック　ジエン

27 私は人見知りな性格です。

Tôi là một người nhút nhát.

トイ　ラー　モッ　ングォイ　ニュット　ニャット

3-5　感情表現

1 それを聞いてとてもうれしいです。

Tôi rất vui khi biết điều đó.

トイ　ザット　ヴイ　ヒィー　ビエット　ディエウ　ドー

2 感動しました。

Tôi rất cảm động.

トイ　ザット　カァム　ドン

3 明日のイベントがとても楽しみです。

Tôi rất mong chờ sự kiện ngày mai.

トイ　ザット　モン　チョー　ス　キエン　ンガイ　マイ

4 サッカーの試合を生観戦して、興奮しました。

Tôi rất hào hứng khi xem trực tiếp trận bóng đá.

トイ　ザット　ハオ　フゥン　ヒィー　セム　チュック　ティエップ　チャン　ボン　ダー

5 うらやましいです。

Ghen tị quá.

ゲーン　ティ　クアー

6 とても残念です。

Thật đáng tiếc.

タット　ダーン　ティエック

7 気分が落ち込んでいます。

Tâm trạng của tôi buồn bã.
タム　チャン　クア　トイ　ブオン　バァ

8 大満足です。

Tôi rất hài lòng.
トイ　ザット　ハイ　ロン

9 緊張します。

Tôi hồi hộp quá.
トイ　ホイ　ホップ　クアー

10 不安です。

Tôi thấy bất an.
トイ　タイー　バット　アン

11 辛いです。

Tôi thấy khổ sở.
トイ　タイー　コー　ソォ

12 怖いです。

Tôi thấy sợ quá.
トイ　タイー　ソ　クアー

13 冗談です。

Tôi đùa thôi.
トイ　ドゥア　トォーイ

第３章　職場編

83

14 くたくたです。

Tôi mệt rã rời.

トイ　メット　ザァ　ゾイ

15 寝不足です。

Tôi bị thiếu ngủ.

トイ　ビ　ティエウ　ングウ

16 恥ずかしいです。

Tôi thấy xấu hổ.

トイ　タイー　サウ　ホー

17 がまんできません。

Tôi không thể chịu nổi.

トイ　ホン　テー　チウ　ノォイ

18 悲しいです。

Tôi thấy buồn.

トイ　タイー　ブオン

19 うるさいです。

Thật là ồn ào.

タット　ラー　オン　アオ

20 集中できません。

Tôi không thể tập trung được.

トイ　ホン　テー　タップ　チュン　ドゥオック

21 あなたに憧れます。

Ngưỡng mộ bạn quá.
ングオン　モ　バン　クアー

....

22 感心します。

Khâm phục quá.
カム　フック　クアー

....

23 落ち着いて下さい。

Hãy bình tĩnh nào.
ハァイ　ビン　ティン　ナオ

....

24 退屈です。

Tôi thấy chán.
トイ　タイー　チャン

....

25 その知らせに驚きました。

Tôi ngạc nhiên vì cái tin đó.
トイ　ンガック　ニエン　ヴィ　カイ　ティン　ドー

....

26 期待通りの結果ではなくて少しがっかりしました。

Tôi hơi thất vọng vì kết quả không như mình mong đợi.
トイ　ホォイ　タット　ヴォン　ヴィ　ケッ　クァ　ホン　ニュー　ミン　モン　ドイ

....

27 誰も私のことをわかってくれなくて寂しいです。

Tôi thấy cô đơn vì chẳng ai hiểu mình.
トイ　タイー　コー　ドォン　ヴィ　チャーン　アイ　ヒエウ　ミン

....

28 それを聞いてムッとしました。

Tôi rất bức xúc khi nghe câu chuyện đó.

トイ　ザット　ブック　スック　ヒィー　ンゲー　カウ　チュィエン　ドー

29 長い間待たされたので、イライラします。

Tôi bực bội vì bị bắt chờ đợi lâu.

トイ　ブック　ボイ　ヴィ　ビ　バット　チョー　ドイ　ラウ

30 二つのことを同時にやろうとすると混乱します。

Khi làm hai việc cùng một lúc là tôi rối lên ngay.

ヒィー　ラム　ハイ　ヴィエック　クン　モッ　ルック　ラー　トイ　ゾイ　レン　ンガイ

31 あまりにも突然のことで、動揺しました。

Nó quá đột ngột khiến tôi hoang mang.

ノー　クアー　ドット　ンゴット　キエン　トイ　ホアン　マン

補足資料

頻度の副詞

いつも	luôn luôn	ルオン　ルオン
たいてい	thường xuyên	トゥオン　スゥイエン
よく	hay	ハイ
ときどき	thỉnh thoảng	ティン　トアン
めったに〜ない	hiếm khi	ヒエム　ヒィー
全然〜ない	không bao giờ	ホン　バオ　ゾー

第4章

日本語指導編

　第4章は、日本でベトナム人に日本語を教える場面で便利な表現を集めました。日本に住むベトナム人が増え、ベトナム人に日本語を教える教師やボランティアも増えました。筆者がベトナム人向けの日本語指導サービスを運営する中で、ベトナム語で言えたら便利だというフレーズを、実際にレッスンを担当している日本語教師陣からも聞き取り、厳選しました。今の時代に合わせ、オンライン会議システムを使ったレッスンの指導・指示表現なども充実させました。ほかの書籍ではあまり扱っていない分野ですので、ぜひ実戦の場で使っていただけたらうれしいです。

4-1　指導

1 レッスンを始めましょう。

Chúng ta cùng bắt đầu buổi học nào.

チュン　ター　クン　バット　ダウ　ブオイ　ホック　ナオ

2 前回のレッスンの宿題は終わりましたか？

Bạn hoàn thành bài tập về nhà của buổi học trước chưa?

バン　ホアン　タイン　バイ　タップ　ヴェー　ニャー　クア　ブオイ　ホック　チュオック　チュア

3 この問題は難しかったですか？

Bài này có khó không?

バイ　ナイ　コー　コー　ホン

4 今の説明はわかりましたか？

Bạn có hiểu lời giải thích vừa rồi không?

バン　コー　ヒエウ　ロォイ　ザーイ　ティック　ヴァ　ゾイ　ホン

5 この文法は勉強したことがありますか？

Bạn đã từng học (điểm) ngữ pháp này chưa?

バン　ダァ　トゥン　ホック　ディエム　ングウ　ファップ　ナイ　チュア

6 これはN２で学習する文法です。

Đây là ngữ pháp học trong N2.

ダイ　ラー　ングウ　ファップ　ホック　チョン　ヌー　ハイ

7 これがどういう意味かわかりますか？

Bạn biết nó có nghĩa là gì không?

バン　ビエット　ノー　コー　ニア　ラー　ジー　ホン

....

8 あなたの言い方は正しいです。

Cách nói của bạn chính xác.

カック　ノイ　クア　バン　チン　サック

....

9 AとBの違いがわかりますか？

Bạn có hiểu sự khác biệt giữa A và B?

バン　コー　ヒエウ　ス　カック　ビエット　ズゥア　アー　ヴァ　ベー

....

10 テキストの22ページを開いて下さい。

Hãy mở trang 22 của giáo trình.

ハァイ　モォ　チャン　ハイ　ムオイ　ハイ　クア　ザオ　チン

....

11 上から５行目を読んで下さい。

Hãy đọc dòng thứ năm từ trên xuống.

ハァイ　ドック　ゾン　トゥ　ナム　トゥ　チェン　スオン

....

12 問題４を３分間で解いて下さい。

Hãy giải bài 4 trong 3 phút.

ハァイ　ザーイ　バイ　ボン　チョン　バー　フット

....

13 私がA（の役）を読むので、Bを読んで下さい。

Tôi sẽ đọc (vai) A, còn bạn hãy đọc B.

トイ　セェ　ドック　ヴァイ　アー　コン　バン　ハァイ　ドック　ベー

....

14 気をつけて聞いて下さい。

Hãy nghe cẩn thận.

ハァイ　ンゲー　カン　タン

---

15 私に続いて復唱して下さい。

Hãy lặp lại theo đúng như tôi nói.

ハァイ　ラップ　ライ　テオ　ドゥン　ニュー　トイ　ノイ

---

16 もう一度「雪」を発音して下さい。

Hãy phát âm "yuki" một lần nữa.

ハァイ　ファット　アム　ユキ　モッ　ラン　ヌア

---

17 「一階（いっかい）」の小さい「つ」はもう少し長めに発音しましょう。

Hãy phát âm chữ "tsu" nhỏ trong "ikkai" dài hơn một chút.

ハァイ　ファット　アム　チュウ　ツ　ニョー　チョン　イッカイ　ザイ　ホォン　モッ　チュット

---

18 「じょ」の発音が間違っています。

Phát âm của âm "jyo" không chính xác.

ファット　アム　クア　アム　ジョ　ホン　チン　サック

---

19 「よじ」が「じょじ」に聞こえます。

”Yoji” nghe giống như "jyoji".

ヨジ　ンゲー　ゾン　ニュー　ジョジ

---

20 私が発音する唇の動きをみて下さい。

Hãy xem cử động của môi khi tôi phát âm.

ハァイ　セム　クゥ　ドン　クア　モイ　ヒィー　トイ　ファット　アム

21　「つ」は歯茎の裏につけた舌を、発声しながら離して発音します。

"Tsu" được phát âm bằng cách đặt lưỡi vào phía sau nướu và thả lỏng ra khi phát âm.

ツ　ドゥオック　ファット　アム　バン　カック　ダット　ルオイ　ヴァオ　フィア　サウ　ヌゥオウ　ヴァ　タア　ロン　ザー　ヒィー　ファット　アム

22　質問文は語尾を上げて発音して下さい。

Hãy lên giọng ở cuối câu hỏi.

ハァイ　レン　ゾン　オォ　クオイ　カウ　ホーイ

23　もう少しはっきり発音しましょう。

Hãy phát âm rõ hơn một chút.

ハァイ　ファット　アム　ゾォ　ホォン　モッ　チュット

24　「たぶん」が口癖になっていますね。

"Tabun" đã thành câu cửa miệng của bạn.

タブン　ダァ　タイン　カウ　クゥア　ミエン　クア　バン

25　わからないことは何でも質問して下さい。

Hãy hỏi bất cứ điều gì bạn không hiểu.

ハァイ　ホーイ　バット　クー　ディエウ　ジー　バン　ホン　ヒエウ

26　金曜日までに宿題を送って下さい。

Hãy gửi bài tập về nhà trước thứ Sáu.

ハァイ　グゥイ　バイ　タップ　ヴェー　ニャー　チュオック　トゥ　サウ

27　宿題はここに提出して下さい。

Hãy nộp bài tập về nhà của bạn ở đây.

ハァイ　ノップ　バイ　タップ　ヴェー　ニャー　クア　バン　オォ　ダイ

第４章　日本語指導編

28 正解です。

Chính xác.

チン　サック

----

29 間違いです。

Sai rồi.

サイ　ゾイ

----

30 よくできました。

Làm tốt lắm.

ラム　トット　ラム

----

31 惜しい間違いですね。

Đó là lỗi sai đáng tiếc.

ドー　ラー　ローイ　サイ　ダーン　ティエック

----

32 あなたの日本語は前より進歩しています。

Tiếng Nhật của bạn đang tiến bộ hơn trước.

ティエン　ニャット　クア　バン　ダーン　ティエン　ボ　ホォン　チュォック

----

33 一緒に頑張りましょう。

Chúng ta sẽ cùng nhau cố gắng nhé.

チュン　ター　セェ　クン　ニャウ　コー　ガン　ニェ

----

34 もう少し頑張りましょう。

Hãy cố gắng thêm một chút nữa nhé.

ハァイ　コー　ガン　テム　モッ　チュット　ヌア　ニェ

----

35 ではまた来週です。

Vậy hẹn gặp lại tuần sau.

ヴァイ　ヘン　ガップ　ライ　トゥアン　サウ

36 この単語を使って文章を作ってもらえますか？

Bạn có thể đặt câu với từ này không?

バン　コー　テー　ダッ　カウ　ヴォイ　トゥ　ナイ　ホン

37 「広い」の対義語は「せまい」です。

Từ trái nghĩa với "hiroi" là "semai".

トゥ　チャイ　ニア　ヴォイ　ヒロイ　ラー　セマイ

38 今日の学習内容をしっかり復習しましょう。

Hãy ôn lại kỹ nội dung học hôm nay.

ハァイ　オン　ライ　キイ　ノイ　ズン　ホック　ホム　ナイ

4-2 オンライン等での指示

1 皆さん集まりましたか？

Mọi người đã có mặt cả chưa?

モイ　ングォイ　ダァ　コー　マット　カア　チュア

2 それでは始めましょう。本日もよろしくお願い致します。

Bắt đầu nào. Rất mong được mọi người giúp đỡ.

バット　ダウ　ナオ　ザット　モン　ドゥオック　モイ　ングォイ　ズップ　ドォ

3 今日の資料を画面で共有します。

Tôi chia sẻ tài liệu hôm nay trên màn hình.

トイ　チア　セェ　タイ　リエウ　ホム　ナイ　チェン　マン　ヒン

4 共有画面は見えますか？

Bạn có nhìn thấy màn hình chia sẻ không?

バン　コー　ニン　タイー　マン　ヒン　チア　セェ　ホン

5 もう少し画面を大きくしますか？

Phóng to màn hình lên một chút nữa không?

フォン　トー　マン　ヒン　レン　モッ　チュット　ヌア　ホン

6 画面を下にスクロールして下さい。

Hãy cuộn màn hình xuống.

ハァイ　クオン　マン　ヒン　スオン

7 一度画面の共有を切ります。

Tôi tạm ngắt tính năng chia sẻ màn hình.

トイ　タム　ンガット　ティン　ナン　チア　セェ　マン　ヒン

....

8 画面が固まりました。

Màn hình đang bị treo rồi.

マン　ヒン　ダーン　ビ　チェオ　ゾイ

....

9 画面に何も写っていません。カメラをオンにできますか?

Màn hình đang không hiện gì hết.
Bạn có bật camera không?

マン　ヒン　ダーン　ホン　ヒエン　ジー　ヘット　バン　コー　バット　カメラ　ホン

....

10 音声は聞こえていますか?

Bạn có thể nghe thấy âm thanh không?

バン　コー　テー　ンゲー　タイー　アム　タイン　ホン

....

11 声が聞こえません。マイクをオンにして下さい。

Tôi không thể nghe thấy bạn nói gì.
Bạn hãy bật micrô.

トイ　ホン　テー　ンゲー　タイー　バン　ノイ　ジー　バン　ハァイ　バット　ミクロ

....

12 聞こえた人は手を挙げて下さい。

Ai nghe thấy thì hãy giơ tay lên.

アイ　ンゲー　タイー　ティー　ハァイ　ゾー　タイ　レン

....

13 雑音が聞こえます。

Tôi nghe thấy tạp âm.

トイ　ンゲー　タイー　タップ　アム

....

14 ミュートを解除してください。

Bạn hãy bỏ chế độ "tắt tiếng".

バン　ハァイ　ボー　チェー　ド　タット　ティエン

---

15 画面左下のボタンを押すとマイクがオンになります。

Nhấn vào nút ở phía dưới bên trái của màn hình để bật micrô.

ニャン　ヴァオ　ヌット　オォ　フィア　ズオイ　ベン　チャイ　クア　マン　ヒン　デェ　バット　ミクロ

---

16 発言をする時以外はミュートにしておいて下さい。

Hãy tắt tiếng micrô khi bạn không nói.

ハァイ　タット　ティエン　ミクロ　ヒィー　バン　ホン　ノイ

---

17 声がかぶってしまいました。先に話して下さい。

Các âm thanh đang át lẫn nhau.
Bạn hãy nói trước đi.

カック　アム　タイン　ダーン　アット　ラァン　ニャウ　バン　ハァイ　ノイ　チュオック　ディー

---

18 どうぞ続けて下さい。

Mời bạn tiếp tục.

モォイ　バン　ティエップ　トゥック

---

19 チャット機能を使って資料を送りました。確認して下さい。

Tôi đã gửi tài liệu bằng chức năng trò chuyện (chat). Hãy kiểm tra.

トイ　ダァ　グゥイ　タイ　リエウ　バン　チュック　ナン　チョー　チュィエン（チャット）　ハァイ　キエム　チャー

---

20 ちょっと席を外します。1分ほどお待ち下さい。

Tôi sẽ rời khỏi chỗ ngồi trong giây lát.
Hãy đợi trong 1 phút.

トイ　セェ　ゾォイ　コーイ　チョオ　ンゴイ　チョン　ザイ　ラット　ハァイ　ドイ　チョン　モッ　フット

....

21 回線の調子が悪いので、一度ミーティングから退室して入り
直します。

Tín hiệu kết nối không được tốt lắm. Tôi sẽ tạm
rời khỏi phòng học online rồi đăng nhập lại.

ティン　ヒエウ　ケット　ノイ　ホン　ドゥオック　トット　ラム　トイ　セェ　タム　ゾォイ　コーイ　フォン　ホック　オンライン　ゾイ　ダーン　ニャップ　ライ

....

22 インターネットの接続が切れました。

Đã mất kết nối internet.

ダァ　マット　ケット　ノイ　インターネット

....

23 インターネットの接続状況を確認して下さい。

Hãy kiểm tra trạng thái kết nối mạng của bạn.

ハァイ　キエム　チャー　チャン　タァイ　ケット　ノイ　マン　クア　バン

....

24 今日はインターネットが不安定なのでカメラを切ります。

Hôm nay mạng không ổn định nên là tôi sẽ
tắt camera.

ホム　ナイ　マン　ホン　オン　ディン　ネン　ラー　トイ　セェ　タット　カメラ

....

25 今日のレッスンはここまでです。

Buổi học hôm nay xin kết thúc tại đây.

ブオイ　ホック　ホム　ナイ　スィン　ケッ　トゥック　タイ　ダイ

....

26 レッスンの時間になってもオンラインになりませんが、今日は欠席ですか？

Đã đến giờ bắt đầu buổi học nhưng bạn vẫn chưa đăng nhập. Hôm nay bạn nghỉ à?

ダァ　デン　ゾー　バット　ダウ　ブオイ　ホック　ニュン　バン　ヴァン　チュア　ダーン　ニャップ　ホム　ナイ　バン　ニー　アー

....

27 このメッセージを見たら一言返信を下さい。

Hãy trả lời khi bạn thấy tin nhắn này.

ハァイ　チャー　ロォイ　ヒィー　バン　タイー　ティン　ニャン　ナイ

....

28 レッスンが始まる数分前にサインインして下さい。

Vui lòng đăng nhập vài phút trước khi lớp học bắt đầu.

ヴイ　ロン　ダーン　ニャップ　ヴァイ　フット　チュオック　ヒィー　ルップ　ホック　バット　ダウ

....

29 できるだけ静かな場所から参加して下さい。

Hãy học ở một nơi yên tĩnh nhất có thể.

ハァイ　ホック　オォ　モッ　ノォイ　イエン　ティン　ニャット　コー　テー

....

30 録画・録音はしないで下さい。

Vui lòng không ghi hình và ghi âm lại.

ヴィ　ロン　ホン　ギー　ヒン　ヴァ　ギー　アム　ライ

....

4-3　日程調整

1 次回のレッスンの日程を決めましょう。

Hãy lên lịch cho buổi học lần tới.

ハァイ　レン　リック　チョー　ブオイ　ホック　ラン　トォイ

---

2 来週土曜日の10時からは空いていますか?

Bạn có rảnh từ 10:00 thứ Bảy tới không?

バン　コー　ザイン　トゥ　ムオイ　ゾー　トゥ　バァイ　トォイ　ホン

---

3 来週のレッスンも今日と同じ時間で大丈夫ですか?

Tuần sau bạn có thể học vào cùng thời điểm với hôm nay không?

トゥアン　サウ　バン　コー　テー　ホック　ヴァオ　クン　トォイ　ディエム　ヴォイ
ホム　ナイ　ホン

---

4 すみません。来週は別件が入っています。

Xin lỗi nhưng tôi có việc khác vào tuần tới.

スィン　ローイ　ニュン　トイ　コー　ヴィエック　カック　ヴァオ　トゥアン　トォイ

---

5 いつもより30分遅い11時からレッスンを始めることが
できますか?

Bạn có thể bắt đầu buổi học lúc 11:00, muộn
hơn 30 phút so với bình thường được không?

バン　コー　テー　バット　ダウ　ブオイ　ホック　ルック　ムオイ　モッ　ゾー　ムオン
ホォン　バー　ムオイ　フット　ソー　ヴォイ　ビン　トゥオン　ドゥオック　ホン

6 では、次回のレッスンは5月20日の14時からです。

Vậy buổi học tiếp theo bắt đầu lúc 14:00 ngày 20 tháng 5.

ヴァイ　ブオイ　ホック　ティエップ　テオ　バット　ダウ　ルック　ムオイ　ボン　ゾー　ンガイ　ハイ　ムオイ　タン　ナム

---

7 レッスンを忘れないようにして下さい。

Đừng quên ngày học nhé.

ドゥン　クエン　ンガイ　ホック　ニェ

---

8 体調不良のため、今日のレッスンを別日に変更してもらえませんか。

Tôi cảm thấy không khỏe. Bạn có thể chuyển buổi học hôm nay sang một ngày khác không ?

トイ　カム　タイー　ホン　コエ　バン　コー　テー　チュィエン　ブオイ　ホック　ホム　ナイ　サン　モッ　ンガイ　カック　ホン

---

9 レッスン希望日を教えて下さい。

Hãy cho tôi biết ngày bạn muốn học.

ハァイ　チョー　トイ　ビエット　ンガイ　バン　ムオン　ホック

---

10 急に体調が悪くなった場合は、メッセージをして下さい。

Nếu đột nhiên bạn cảm thấy không khỏe thì hãy gửi tin nhắn cho tôi.

ネウ　ドット　ニエン　バン　カァム　タイー　ホン　コエ　ティー　ハァイ　グゥイ　ティン　ニャン　チョー　トイ

11 明日のレッスンは5分だけ延長します。

Buổi học ngày mai sẽ kéo dài thêm 5 phút.

ブオイ　ホック　ンガイ　マイ　セェ　ケオ　ザイ　テム　ナム　フット

....

12 あいにくですが、明後日はもう予定が埋まっています。

Thật không may là lịch ngày kia của tôi kín cả rồi.

タット　ホン　マイ　ラー　リック　ンガイ　キア　クア　トイ　キン　カア　ゾイ

....

13 あなたの都合に合わせますよ。

Tôi sẽ nương theo lịch của bạn mà.

トイ　セェ　ヌオン　テオ　リック　クア　バン　マー

....

補足資料

日本語教師向けの単語（từ vựng danh cho giáo viên dạy tiếng Nhật）

名詞	danh từ（ザイン トゥ）	文法	ngữ pháp（ングウ ファップ）
動詞	động từ（ドン トゥ）	語彙	từ vựng（トゥ ヴン）
形容詞	tính từ（ティン トゥ）	会話	hội thoại（ホイ トアイ）
副詞	phó từ（フォー トゥ）	接続	kết nối（ケット ノイ）
連体詞	liên thể từ（リエン テー トゥ）	動詞の活用	biến đổi động từ（ビエン ドオイ ドン トゥ）
接続詞	liên từ（リエン トゥ）	主語	chủ ngữ（チュウ ングウ）
感動詞	thán từ（タン トゥ）	述語	vị ngữ（ヴィ ングウ）
助動詞	trợ động từ（チョ ドン トゥ）	目的語	tân ngữ（タン ングウ）
助詞	trợ từ（チョ トゥ）	修飾語	từ bổ nghĩa（トゥ ボォ ニア）

パソコンでのベトナム語の入力方法

・・・

　ベトナム人の同僚や友人ができたり、ベトナム語学習をしたりするとメッセージをやりとりするために、パソコンでベトナム語を入力する機会も増えてきます。ベトナム人学習者に日本語を教えている日本語教師からはレッスン資料の日本語単語にベトナム語を併記したいと、よくベトナム語の入力方法について質問を受けます。

　ベトナム語にはアルファベットにはない文字や声調記号があるため、パソコン入力の際は独自の入力方法を覚える必要があります。ここではベトナムで主流の2つの入力方式のほか、パソコンでよく使用する記号のベトナム語も紹介します。

＜Telex方式＞

アルファベットキー部分を使って記号を付加する方式。

・発音記号

記　号	名　　称	入力方法
a	dấu ngang（ンガン）	そのまま(a)
á	dấu sắc（サック）	á=a+s
à	dấu huyền（フィエン）	à=a+f
ả	dấu hỏi（ホーイ）	ả=a+r
ã	dấu ngã（ンガァ）	ã=a+x
ạ	dấu nặng（ナン）	ạ=a+j

・母音

記　号	名　　称	入力方法
â	dấu mũ（ムゥ）	â=a+a
ă	dấu trăng（チャン）	ă=a+w
ô	dấu mũ（ムゥ）	ô=o+o
ơ	dấu móc（モック）	ơ=o+w
ê	dấu mũ（ムゥ）	ê=e+e
ư	dấu móc（モック）	ư=u+w

＜VNI方式＞

主に数字部分のキーを使って記号を付加する方式。

・発音記号

記　号	名　　称	入力方法
a	dấu ngang（ンガン）	そのまま(a)
á	dấu sắc（サック）	á=a+1
à	dấu huyền（フィエン）	à=a+2
ả	dấu hỏi（ホーイ）	ả=a+3
ã	dấu ngã（ンガァ）	ã=a+4
ạ	dấu nặng（ナン）	ạ=a+5

・母音

記　号	名　　称	入力方法
â	dấu mũ（ムゥ）	â=a+6
ă	dấu trăng（チャン）	ă=a+8
ô	dấu mũ（ムゥ）	ô=o+6
ơ	dấu móc（モック）	ơ=o+7
ê	dấu mũ（ムゥ）	ê=e+6
ư	dấu móc（モック）	ư=u+7

例）ベトナム語　tiếng Việt → t i ế(e+e+s) n g V i ệ(e+e+j) t
　　　　　　　　　　　　　→ t i ế(e+6+1) n g V i ệ(e+6+5) t
　　フォー　　　phở → p h ở (o+w+r)
　　　　　　　　　　　→ p h ở (o+7+3)

＜パソコン記号の読み方＞

.	チャム（chấm）	–	ガック ノイ（gạch nối）
:	ハイ チャム（hai chấm）	/	スイエット（xuyệt）／ガック チェーオ（gạch chéo）
_	ガック ズオイ（gạch dưới）	@	アーコン（a còng）
;	チャム ファイ（chấm phẩy）	,	ファイ（phẩy）
!	チャム カム（chấm cảm）	?	チャム ホーイ（chấm hỏi）
()	ンゴアック ドォン（ngoặc dơn）	" "	ンゴアック ケップ（ngoặc kép）

例）https://www.viet.co.jp
　　読み方の一例）ハッテテーペーエス　ハイチャム　ガックチェーオガックチェーオ　ベーケップ　ベー
　　　　ケップ　ベーケップ　チャム　ヴィエト　チャム　セーオー　チャム　ジェイピー

※ベトナムの北部ではURLなどで使われる「www」の「w」をダブリューではなく、ヴェーケップ（V kép）と
　発音することが多くあります。Képは2重、2組などの意味があるので、Vが2組で「W」を意味しています。

第5章

メール編

　第5章は、メール編と称して、ベトナム人にメールを送ったり、SNSに コメントを書き込んだりする場面を想定しています。ベトナムでは、 ZaloやFacebook等のSNSがよく使われており、ベトナム人は頻繁に 自身に関する話を友人たちと共有しています。よく使われるコメント 文や相槌、叱咤激励の文に加え、礼節を重んじるベトナム人向けに すぐ使うことができるお祝い・お悔やみ・お見舞いなどの表現を多数 盛り込みました。どれも実用的なフレーズばかりですので、ぜひ良好 な人間関係の構築に役立ててみて下さい。

5-1 コメント・相槌

1 メッセージありがとう！

Cảm ơn đã nhắn tin cho tôi!

カァム オン ダァ ニャン ティン チョー トイ

2 返信が遅くなってごめんなさい！

Xin lỗi vì hồi âm muộn!

スィン ローイ ヴィ ホイ アム ムオン

3 どうしましたか？

Có chuyện gì vậy?

コー チュィエン ジー ヴァイ

4 大丈夫？

Có sao không?

コー サオ ホン

5 そうですか。

Vậy à.

ヴァイ アー

6 それは知らなかったです。

Tôi không biết điều đó.

トイ ホン ビエット ディエウ ドー

7 わかりました。

Tôi hiểu rồi.

トイ　ヒエウ　ゾイ

....

8 すみません、わかりません。

Tôi xin lỗi, tôi không hiểu.

トイ　スィン　ローイ、トイ　ホン　ヒエウ

....

9 いいですね！

Thích nhỉ!

ティック　ニー

....

10 楽しんで下さい。

Chúc bạn vui vẻ.

チュック　バン　ヴイ　ヴェ

....

11 喜んで！

Tôi rất sẵn lòng!

トイ　ザット　サン　ロン

....

12 それは残念です。

Thật đáng tiếc.

タット　ダーン　ティエック

....

13 そうだね。

Đúng rồi.

ドゥン　ゾイ

....

14 やっぱり。

Quả nhiên.

クゥア　ニエン

---

15 もちろん。

Tất nhiên rồi.

タット　ニエン　ゾイ

---

16 なるほど。

Ra là vậy.

ザー　ラー　ヴァイ

---

17 ダメです。

Không được.

ホン　ドゥオック

---

18 できません。

Tôi không thể.

トイ　ホン　テー

---

19 大変ですね。

Vất vả quá nhỉ.

ヴァット　ヴァー　クアー　ニー

---

20 本当に？

Thật không?

タット　ホン

---

21 まさか！

Không thể nào!
ホン　テー　ナオ

---

22 （外見が）きれいですね！

Xinh quá!
スィン　クアー

---

23 おもしろいですね！

Hay nhỉ!
ハイ　ニー

---

24 （赤ちゃんや子供が）かわいいですね！

Thật dễ thương!
タット　ゼェ　トゥオン

---

25 （男の人が）かっこいいですね！

Ngầu thế!
ンガウ　テー

---

26 似合ってますね。

Rất hợp với bạn.
ザット　ホップ　ヴォイ　バン

---

27 何か変ですね…

Lạ thật.
ラ　タット

---

28 信じられません。

Thật không thể tin được.

タット　ホン　テー　ティン　ドゥオック

---

29 同じですね。

Giống nhau nhỉ.

ゾン　ニャウ　ニー

---

30 尊敬します。

Tôi rất nể bạn.

トイ　ザット　ネェ　バン

---

31 確かにそうですね。

Chắc chắn là vậy rồi.

チャック　チャン　ラー　ヴァイ　ゾイ

---

32 私もです。

Tôi cũng vậy.

トイ　クン　ヴァイ

---

33 そうかもしれません。

Có lẽ vậy.

コー　レェ　ヴァイ

---

34 それはひどいですね。

Điều đó thật kinh khủng.

ディエウ　ドー　タット　キン　クゥン

---

35 それはやめた方がいいです。

Bạn không nên làm điều đó.

バン　ホン　ネン　ラム　ディエウ　ドー

---

36 かわいそうに。

Thật là đáng thương.

タット　ラー　ダーン　トゥオン

---

37 安心しました。

Tôi yên tâm rồi.

トイ　イエン　タム　ゾイ

---

38 時が経つのは速いです。

Thời gian trôi qua nhanh thật.

トォイ　ザン　チョイ　クア　ニャイン　タット

---

39 私に何かできることがあったら遠慮なく言ってね。

Nếu có bất cứ điều gì tôi có thể làm cho bạn, đừng ngại hỏi nhé.

ネウ　コー　バット　クー　ディエウ　ジー　トイ　コー　テー　ラム　チョー　バン　ドゥン
ンガイ　ホーイ　ニェ

---

40 困ったときはいつでもメールを下さい。

Hãy gửi email cho tôi bất cứ khi nào bạn gặp khó khăn.

ハァイ　グゥイ　イーメール　チョー　トイ　バット　クー　ヒィー　ナオ　バン　ガップ
コー　カン

5-2　お祝い・お悔やみ・お見舞い

・・・・・・・・・・・・・・・・・・・・・・・・・・・・・・・・・・・

1 誕生日おめでとうございます。素敵な1年でありますように。

Chúc mừng sinh nhật.
Chúc bạn có một năm tuyệt vời.

チュック　ムン　シン　ニャット　チュック　バン　コー　モッ　ナム　トゥイエット　ヴォイ

・・・・・・・・・・・・・・・・・・・・・・・・・・・・・・・・・・・

2 ご昇進、心よりお喜び申し上げます。今後一層のご活躍と
ご健康を祈念いたします。

Chúc bạn thành công trong sự nghiệp.
Chúc bạn thêm nhiều thành tựu và thật nhiều
sức khoẻ.

チュック　バン　タイン　コン　チョン　ス　ンゲップ　チュック　バン　テム　ニエウ
タイン　トゥ　ヴァ　タット　ニエウ　スック　コエ

・・・・・・・・・・・・・・・・・・・・・・・・・・・・・・・・・・・

3 明けましておめでとうございます。今年も良い1年になりま
すように。

Chúc mừng năm mới.
Chúc bạn một năm tốt lành.

チュック　ムン　ナム　モイ　チュック　バン　モッ　ナム　トット　ライン

・・・・・・・・・・・・・・・・・・・・・・・・・・・・・・・・・・・

4 ご結婚おめでとうございます。末永くお幸せに。

Chúc mừng hai bạn.
Chúc hai bạn trăm năm hạnh phúc.

チュック　ムン　ハイ　バン　チュック　ハイ　バン　チャム　ナム　ハイン　フック

・・・・・・・・・・・・・・・・・・・・・・・・・・・・・・・・・・・

5 ご出産おめでとうございます。お子さまの健やかなご成長をお祈り申し上げます。

Chúc mừng bạn đã mẹ tròn con vuông.
Chúc bé hay ăn chóng lớn nhé.

チュック　ムン　バン　ダァ　メ　チョン　コン　ヴォン　チュック　ベー　ハイ　アン
チョン　ロォン　ニェ

....

6 合格おめでとうございます。さらなる活躍と成長をお祈りいたします。

Chúc mừng bạn đã vượt qua kỳ thi.
Chúc bạn thành công và phát triển hơn nữa.

チュック　ムン　バン　ダァ　ヴォット　クア　キィ　ティ　チュック　バン　タイン　コン
ヴァ　ファット　チエン　ホォン　ヌア

....

7 大学入学おめでとうございます。有意義な学校生活をお過ごしください。

Chúc mừng bạn đã trúng tuyển đại học.
Chúc bạn tận hưởng quãng đời sinh viên đầy
ý nghĩa.

チュック　ムン　バン　ダァ　チュン　トゥィエン　ダイ　ホック　チュック　バン　タン
フオン　クアン　ドォイ　シン　ヴィエン　ダイ　イー　ニア

....

8 ご卒業おめでとうございます。素晴らしい未来に幸あれ！

Chúc mừng bạn đã tốt nghiệp.
Chúc bạn có một tương lai tươi sáng!

チュック　ムン　バン　ダァ　トット　ンゲップ　チュック　バン　コー　モッ　トゥン　ライ
トゥオイ　サン

....

9 お悔やみ申し上げます。どうかお力落としなさいませんように。

Xin chia buồn cùng gia đình, hy vọng gia đình sớm vượt qua nỗi đau này.

スィン　チア　ブオン　クン　ザー　ディン　ヒー　ヴォン　ザー　ディン　ソォム　ヴオット　クア　ノォイ　ダウ　ナイ

....

10 心よりご冥福をお祈り申し上げます。

Mong người nhà của bạn được yên nghỉ.

モン　ングォイ　ニャー　クア　バン　ドゥオック　イエン　ニー

....

11 1日も早いご回復をお祈り申し上げます。

Chúc bạn sớm bình phục.

チュック　バン　ソォム　ビン　フック

....

5-3　叱咤激励

1 リラックスして下さい！

Hãy thư giãn nào!

ハァイ　トゥー　ザァン　ナオ

2 終わったことを気にしてもしょうがないよ。

Bận lòng về những gì đã qua cũng không thay đổi được gì.

バン　ロン　ヴェー　ニュン　ジー　ダァ　クア　クン　ホン　タイ　ドォイ　ドゥオック　ジー

3 心配しないで大丈夫ですよ。

Không cần lo lắng đâu.

ホン　カン　ロー　ラン　ダウ

4 あなたの気持ちはよくわかります。

Tôi hiểu cảm giác của bạn.

トイ　ヒエウ　カァム　ザック　クア　バン

5 あまり落ち込まないで下さいね。

Xin đừng quá nản lòng.

スィン　ドゥン　クアー　ナァン　ロン

6 気分転換して下さいね。

Hãy thay đổi không khí một chút nào.

ハァイ　タイ　ドォイ　ホン　ヒィー　モッ　チュット　ナオ

7 これは大きなチャンスです。頑張りましょう。

Đây là một cơ hội lớn.
Chúng ta hãy cùng cố gắng nào.
ダイ ラー モッ コー ホイ ロォン チュン ター ハァイ クン コー ガン ナオ

8 あまり無理をしないで。

Đừng cố quá sức.
ドゥン コー クアー スゥック

9 怠けてはダメですよ。

Đừng lười biếng.
ドゥン ルォイ ビエン

10 ご健康をお祈りします。

Chúc bạn thật nhiều sức khoẻ.
チュック バン タット ニエウ スゥック コエ

11 ご家族はお元気ですか。

Gia đình bạn khoẻ cả chứ?
ザー ディン バン コエ カア チュー

12 ご両親によろしくお伝えください。

Cho tôi gửi lời hỏi thăm bố mẹ bạn.
チョー トイ グゥイ ロォイ ホーイ タム ボー メ バン

13 新しい職場でもご活躍をお祈りしています。

Chúc bạn nhiều thành tựu ở công việc mới.
チュック バン ニエウ タイン トゥ オォ コン ヴィエック モォイ

14 楽しい週末を。

Chúc bạn cuối tuần vui vẻ.

チュック バン クオイ トゥアン ヴイ ヴェー

15 どうぞ道中ご無事で(気をつけて行ってらっしゃい)

Chúc bạn lên đường bình an.

チュック バン レン ドゥオン ビン アン

16 勉強、頑張って下さい。

Hãy cố gắng học tập thật tốt nhé.

ハァイ コー ガン ホック タップ タット トット ニェ

17 希望が叶うよう祈っています。

Chúc cho mong muốn của bạn sẽ thành sự thật.

チュック チョー モン ムオン クア バン セェ タイン ス タット

18 いつも応援しています。

Tôi sẽ luôn ủng hộ bạn.

トイ セェ ルオン ウーン ホ バン

19 努力は裏切りません。

Nỗ lực sẽ không bao giờ phản bội bạn.

ノォ ルック セェ ホン バオ ザオ ファン ボイ バン

20 自分を信じて。

Hãy tin tưởng vào bản thân.

ハァイ ティン トゥオン ヴァオ バァン タン

21 後悔のないようにがんばって下さい。

Hãy cố gắng hết mình để không phải hối tiếc.

ハァイ　コー　ガン　ヘット　ミン　デェ　ホン　ファーイ　ホイ　ティエック

22 あなたのせいじゃありません。

Đó không phải lỗi của bạn.

ドー　ホン　ファーイ　ローイ　クア　バン

23 ご多幸を祈ります。

Chúc bạn được nhiều hạnh phúc.

チュック　バン　ドゥオック　ニエウ　ハイン　フック

5-4　SNS

1 ここのWi-Fiパスワードを教えていただけますか。

Bạn có thể cho tôi biết mật khẩu Wi-Fi ở đây không?

バン　コー　テー　チョー　トイ　ビエット　マット　カァウ　ワイファイ　オァ　ダイ　ホン

2 よくSNSを使いますか？

Bạn có thường sử dụng mạng xã hội không?

バン　コー　トゥオン　スゥ　ズン　マン　サァ　ホイ　ホン

3 Facebookで「友だち」になりませんか？

Bạn có muốn kết bạn với tôi trên Facebook không?

バン　コー　ムオン　ケット　バン　ヴォイ　トイ　チェン　フェイスブック　ホン

4 Facebookにあなたと写っている写真を投稿してもいいですか？

Tôi có thể đăng bức ảnh chụp chung với bạn lên Facebook không?

トイ　コー　テー　ダーン　ブック　アイン　チュップ　チュン　ヴォイ　バン　レン　フェイスブック　ホン

5 この情報をシェアしていただけたらうれしいです。

Nhờ bạn chia sẻ giúp tôi thông tin này nhé.

ニョー　バン　チア　セェ　ズップ　トイ　トォン　ティン　ナイ　ニェ

6 SNSに投稿したことがバズりました。

Câu chuyện đăng tải trên mạng xã hội đã được lan truyền rộng rãi.

カウ　チュイエン　ダーン　タァイ　チェン　マン　サァ　ホイ　ダァ　ドゥオック　ラン チュイエン　ゾン　ザァイ

7 毎週YouTubeで動画を配信しているのでぜひ見てください!

Tôi đăng video trên YouTube mỗi tuần, bạn nhớ đón xem!

トイ　ダーン　ヴィデオ　チェン　ユーチューブ　モイ　トゥアン　バン　ニョー　ドン　セム

8 初心者でも使える動画編集ソフトを教えて下さい。

Bạn hãy chỉ cho tôi phần mềm chỉnh sửa video mà người mới làm quen cũng dùng được.

バン　ハァイ　チイ　チョー　トイ　ファン　メム　チン　スゥア　ヴィデオ　マー　ングォイ モォイ　ラム　クエン　クン　ズン　ドゥオック

9 どれくらいの頻度でYouTubeに動画を投稿しているのですか?

Bạn đăng video trên YouTube bao lâu một lần?

バン　ダーン　ヴィデオ　チェン　ユーチューブ　バオ　ラウ　モッ　ラン

補足資料

・・・

パソコン用語 (thuật ngữ máy tính)

ログイン	đăng nhập (ダーン　ニャップ)	共有	chia sẻ (チア　セェ)
ログアウト	đăng xuất (ダーン　スアット)	容量	dung lượng (ズン　ルオン)
ダウンロード	tải xuống (タァイ　スオン)	添付	đính kèm (ディン　ケム)
インストール	cài đặt (カイ　ダット)	公開	đăng công khai (ダーン　コン　カイ)
アップロード	tải lên (タァイ　レン)	削除	xóa (ソアー)
アップデート	cập nhật (カップ　ニャット)	コピー	sao chép (サオ　チェップ)
アクセス	truy cập (チュイ　カップ)	ペースト	dán (ザン)
アカウント	tài khoản (タイ　コアン)	スパムメール	thư rác (トゥ　ザック)
パスワード	mật khẩu (マット　カァウ)	AI	trí tuệ nhân tạo (チー　トゥエ　ニャン　タオ)
入力	nhập (ニャップ)	キーボード	bàn phím (バン　フィム)
起動	khởi động (コーイ　ドン)	マウス	chuột máy tính (チュオット　マイ　ティン)
表示	hiển thị (ヒエン　ティ)	イヤフォン	tai nghe (タイ　ンゲー)

ベトナムの方にお礼メールを送ってみよう！

　今回、本書を制作するにあたり、できるだけすぐに使える実用的な内容を盛り込むべく、ベトナムに関わりのある日本人やベトナム語を学んでいる日本人に「もっとベトナム語を使えたら便利だと感じる場面」を聞き取りました。その中で、数名から聞かれたのが「仕事で知り合ったベトナム人にお礼メールを送る」という場面でした。

　ベトナム・日本間は経済や文化面をはじめ幅広い分野で交流が活発になっており、ビジネスマッチングを目的とする交流会や商談会でベトナムの方と知り合ったり、ベトナムからの出張者を日本で迎えたりする機会も増えています。

　こちらのコラムでは、ビジネス交流会で名刺交換をしたベトナム人にお礼メールを送る場面を想定したメールの雛形を作成しました。日本人のビジネスメールの型に合わせているため、普段よく使っているフレーズに対応するベトナム語表現が出てきます。ぜひ覚えて、応用しながら使ってみて下さい。

題名：ビジネス交流会での名刺交換の御礼

Tiêu đề : Xin gửi lời cảm ơn vì đã có cơ hội trao đổi danh thiếp trong "Buổi giao lưu thương mại"

株式会社 ＡＡＡ
山田様

Kính gửi anh Yamada - công ty AAA,

お世話になっております。
先日の「ビジネス交流会」で名刺交換をさせていただきました、株式会社
BBBの田中です。

Tôi là Tanaka, thuộc công ty BBB, rất vui vì đã có cơ hội trao đổi danh thiếp với anh trong "Buổi giao lưu thương mại" vừa qua.

このたびは素敵なご縁をいただきありがとうございました。

Đối với tôi đó là một cái duyên gặp gỡ rất đặc biệt.

交流会で山田様からお聞きした御社の事業内容に関心があり、
オフィスに戻ってから貴社のウェブサイトを拝見しました。

Trong buổi giao lưu, tôi rất quan tâm tới nội dung công việc mà
anh Yamada đã chia sẻ, nên khi vừa về văn phòng là tôi tìm xem
ngay Website của quý công ty.

ぜひ一度、詳しいお話をお聞かせいただけませんでしょうか。

Tôi rất hy vọng có thể trao đổi với anh được chi tiết hơn.

ご面会のお時間をいただけましたら幸いです。

Rất mong anh dành chút ít thời gian để chúng ta gặp gỡ.

今後ともどうぞよろしくお願い致します。

Trân trọng.

————————————————

株式会社BBB
営業部　田中太郎
〒123−4567
東京都新宿区××××1-23
TEL：03-××××-××××
メール：××××××＠×××.co.jp
————————————————
Công ty BBB
Phòng kinh doanh
Tanaka Taro
〒 123 − 4567
Tokyo – to, Shinjuku – ku, ×××× 1-23
Số điện thoại：03- ×××× - ××××
Email：××××××＠××× .co.jp
————————————————

● 著者紹介

糸井 夏希（いとい・なつき）

神奈川県出身。早稲田大学政治経済学部卒。
2005年夏に初めてベトナムを訪れ、ベトナムの熱気と活気、ベトナム人の聡明で温かい人柄に魅せられる。大学卒業後は、日本経済新聞社に記者として6年間勤務。東京と名古屋で流通業界や消費トレンド、中小企業の取材を担当。成長著しいベトナムと日本をつなぐ仕事をしたいという思いが高まり、新聞社を退職。ハノイ国家大学ベトナム語コースに語学留学。ベトナム語上級(trình độ C)取得後、帰国。
2017年に株式会社Finderを設立。日本で働くベトナム人向けのオンライン日本語指導サービス「JaPanese Online」を中心に、日本で楽しめるベトナムの情報サイト「We love Vietnam」運営や翻訳・通訳アレンジ等ベトナム関連ビジネスを手掛ける。

● 監修者紹介

Tama Duy Ngọc（タマ・ズイ・ゴック）

ホーチミン市出身。ベトナム国家ホーチミン市人文社会科学大学卒（日本学専攻）。
中学生時代に日本のマンガに興味を持ったのをきっかけに日本語を学ぶ。大学卒業後はベトナム大手出版社で長年コンテンツ制作・編集に従事。日本の漫画や書籍の著作権交渉から翻訳・編集管理まで幅広く手掛けた。2017年に国費留学生として明治大学修士課程に入学し、日本のコンテンツ産業について研究。日本企業勤務を経て、現在は翻訳などを手掛ける。著書は「Nhật Bản: Hoa anh đào, Kimono & gì nữa?」（邦題: 日本と言えば、桜と着物だけじゃないよ）。

今日から使える即効ベトナム語フレーズ！

簡単・便利 あらゆる場面でそのまま使える

2023年7月30日［初版第1刷発行］

著　　者	糸井 夏希
発 行 所	株式会社カナリアコミュニケーションズ
	〒141-0031 東京都品川区西五反田1-17-1
	第2東栄ビル703号室
	TEL 03-5436-9701　FAX 03-4332-2342
	http://www.canaria-book.com
印 刷 所	株式会社クリード
DTP/装丁	Reiri Inc.

© natsuki.itoi 2023. Printed in Japan
ISBN978-4-7782-0515-7　C0087

2022年9月発刊
定価1,500円(税別)
ISDN978-4-7782-0505-8

「ワクワク to できる」の 2軸のマッピングでつくる新しいキャリア

三冨 正博／小島 貴子　著

「ワクワク」と「できる／できない」の2軸のマップに自分の仕事内容や興味のあることをマッピングすることで、自分の今の位置を確認。それが自分のキャリアアップや人生の充実につながっていくという、まったく新しいキャリアの考え方を指南するのが本書。著者は、公認会計士でもあり、この「ワクワクtoできる」のマッピングの生みの親、三冨正博と、日本を代表するキャリアカウンセラーで、東洋大学准教授の小島貴子。

2022年10月発刊
定価1,800円(税別)
ISDN978-4-7782-0506-5

根本治療で「本当の健康」を 手に入れる本
～ 不調の原因は脊髄・腸・遺伝子にあった！～

伊東 エミナ　著

慢性疲労、脳疲労、アトピー、うつ、低血糖、下痢や便秘、過敏、性腸症候群、PMS、不妊……。
現代を生きる我々を悩ますこういった諸症状の原因を、自律神経の状態や、脊椎、腸、遺伝子から読み解き、根本から治療していくのが本書で紹介しているラディカルキュアです。
本書は、ラディカルキュアの第一人者、東京・銀座にあるエミーナジョイクリニック銀座院長、伊藤エミーナ先生、初の著書。
病気にならないために、この先、我々がどう自分の体と向き合えばよいかのヒントがここに！

テレマカシ！
～ 森の免疫力 ～

細田 真也　著

バックパッカーで世界を旅していた青年が福井県の中小企業を事業承継。して著者は時代の変化に適応するためグローバルビジネスへと乗り出し、ボタニカル素材「メリンジョ」「ジャワしょうが」で健康産業への参入を実現する。事業承継の苦難を乗り越え、インドネシアでのビジネス開拓に成功した老舗企業の道程は、新しい時代の企業経営を担う二代目経営者、若手経営者の指針となるだろう！

これからの企業経営に勇気と元気を与えてくれる1冊です！

2023年2月発刊
定価1,500円（税別）
ISDN978-4-7782-0508-9

マンガでわかる
『子供を大手ホワイト企業に
内定させる方法』

竹内 健登　著

わが子が"ブラック企業"の餌食にならないための必読書。

7人に1人は「就活うつ」になる時代……「こんなはずじゃなかった」を防ぎたい！

すべての親（と子）に贈る「最新・就活マニュアル」
子の就活のために「親がしてあげられること」を大解剖！

2023年2月発刊
定価1,200円（税別）
ISDN978-4-7782-0509-6

味・見た目・こころ

レンジ8分　著

料理ユニット「レンジ8分」による電子レンジで簡単にできるレシピ本の第1弾「ワンアイテム編」は、野菜料理を中心に75点のレシピを収録。
トマト、ほうれん草、れんこん、じゃがいも、なす、ピーマンなどおなじみの野菜に加えて、卵やこんにゃく、豆腐などの素材が、簡単な工程であっという間に一品料理に。

夕食に一品足りないな、最近野菜不足かも…、というときにパパっと作れるお役立ち料理が並んでいます。

2023年4月発刊
定価1,000円（税別）
ISDN978-4-7782-0510-2

逆風の向こうに
～ ある起業家が紡いだ奇跡の物語 ～

新賀 太蔵　著

起業とはなにか？　幸せとはなにか？

独立後に待ち受ける幹部の裏切り、資金難…そして社員の背信…。
数々の困難を乗り越えた先には本当に大切な『何か』が見つかる。
逆風を乗り越え、会社と社員の幸せを追い求めたある起業家の物語。

これから起業を考える若い世代にぜひ読んでもらいたい1冊です！

2023年4月発刊
定価1,500円（税別）
ISDN978-4-7782-0512-6

日本の教育、海を渡る。

株式会社セルフウィング　代表取締役
平井 由紀子　著

2020年10月発刊　定価1,600円（税別）
ISDN978-4-7782-0470-9

ハノイの熱い日々

**坂場 三男，守部 裕行，
那須 明　著**

2020年1月発刊　定価1,600円（税別）
ISDN978-4-7782-0465-5

ベトナム関連書籍

草原に黄色い花を見つける

グエン・ニャット・アイン　著
加藤 栄　訳

2017年12月発刊　定価1,300円（税別）
ISDN978-4-7782-0415-0

ベトナム地方都市
進出完全ガイド

ブレインワークス　編著

2017年6月発刊　定価2,000円（税別）
ISDN978-4-7782-0404-4